Lieber Gott, wir sind hier

Bernhard Hopf / Susanne Raab

Lieber Gott, wir sind hier

Kindergottesdienste mit allen Sinnen

Matthias-Grünewald-Verlag · Mainz

 **e** verlags gruppe engagement

Der Matthias-Grünewald-Verlag ist Mitglied
der Verlagsgruppe engagement

Die Deutsche Bibliothek – CIP-Einheitsaufnahme

Ein Titeldatensatz für diese Publikation ist bei
Der Deutschen Bibliothek erhältlich

Umschlaggestaltung: Matlik & Schelenz, Selzen
Umschlagfoto: Gerti Burbeck, Mönchengladbach
Druck und Bindung: Fuldaer Verlagsagentur

ISBN 3-7867-2328-1

Inhalt

Einleitung

Leben zu verstehen, zu deuten und immer wieder neu mit Sinn zu füllen wird in unserer pluralistischen Welt immer interessanter. Die Formen, wie Menschen zusammenleben und ihr Leben miteinander feiern und in Beziehung zu Gott bringen, müssen deshalb gerade auch im Christentum unserer Tage neu bedacht und ausgestaltet werden. Viele haben sich in den vergangenen Jahrzehnten auf den Weg gemacht, der kommenden Generation den christlichen Glauben mit adäquaten Methoden zu vermitteln. Außerfamiliäre Glaubensweitergabe wurde in den letzten Jahren immer mehr Aufgabe von Frauen und Männern, die erkannt haben, dass die Weitergabe des Glaubens und die Feier der Liturgie nicht allein Aufgaben hauptamtlicher SeelsorgerInnen sind. So verstehen wir die hier vorgelegten Gottesdienstmodelle als Fundgrube und Ideenbörse für alle Frauen und Männer, die sich im Bereich der Kinderliturgie engagieren.

Die Gottesdienste sind entstanden aus unserem Bemühen, unsere Kinder altersgerecht an den Glauben heranzuführen und die Feste im Kirchenjahr kindgemäß zu erschließen und zu feiern.

Aufbau der Gottesdienste

Mitte unserer Gottesdienste ist Gottes Wort, das die Kinder hören und in der gemeinsamen Feier als lebensgrundlegend erfahren können. Der Aufbau der einzelnen Elemente bleibt weitgehend gleich, damit eine Struktur, die sich an die Liturgie des Wortgottesdienstes anlehnt, in das Bewusstsein der Kinder übergehen kann und so Sicherheit in das Feiern bringt. Wir verstehen Kinderliturgie als Teil der Liturgie der Kirche, die aufeinander aufbaut, aber auch in ihren einzelnen Formen gefeiert wird. Deshalb dürfen auch in der Kinderliturgie die Formeln „Der Herr sei mit euch …", „Lasset uns beten" usw. aus der „Erwachsenenliturgie" vorkommen, damit sie erklärt werden können und kein Bruch zwischen den einzelnen Liturgieformen entsteht.

Eröffnung:

Im Eröffnungsteil wird in das Thema des Gottesdienstes eingeführt und mit dem Kreuzzeichen die Verbindung der Menschen untereinander und mit Gott deutlich.

Katechese:

Die hinführende Katechese will den Boden bereiten für Gottes Wort, aus dem heraus der Glaube entstehen kann. Hier darf der ganze Mensch mit Leib und Seele vorkommen.

Evangelium:

Die Verkündigung der frohen Botschaft ist der Hauptteil der Gottesdienste und wird in ganz verschiedener Weise ausgeformt. Wichtig ist uns immer das Lied zum Evangelium: „In den Gedanken und Worten dein, in meinem Herzen willst du bei mir sein." Dabei bekreuzigen sich die Mitfeiernden mit dem sog. kleinen Kreuzzeichen auf Stirn, Mund und Herz, wie wir es aus dem Einleitungsdialog zum Evangelium üblicherweise kennen.
Das Evangelium kann in verschiedener Weise vertieft und mit den Kindern erlebt werden.

Gebet:

Unsere Antwort auf Gottes Wort ist das Gebet. Deshalb schließt sich an die Verkündigung unser Beten in verschiedenen Formen an und wird mit dem Vaterunser beschlossen, das wir meist mit Gesten beten.

Segen und Sendung:

Am Ende des Gottesdienstes fassen wir unsere Feier in einem „Nachsprechgebet" zusammen und bitten um Gottes Segen für unser weiteres Leben.
Damit erhalten die Gottesdienste einen dynamischen und liturgisch geregelten Rahmen, der für die Gemeinde wohltuend ist.

Ganzheitlich – anschaulich

Besonders wichtig ist uns bei den Gottesdiensten die ganzheitlich-anschauliche Methode geworden, die Franz Kett entwickelt hat und die die Altersgruppe der drei- bis neunjährigen Kinder zur

Mitte und zur Sammlung hinführt, was mehr und mehr nötig wird in unserer von Medien und anderen Eindrücken überfrachteten Zeit.

Durch diese Methode werden die Kinder in ihrem eigenen Erlebnisbereich abgeholt und behutsam in die Geheimnisse ihres eigenen Lebens und des Glaubens hineingeführt. Das ganzheitliche Tun ist daher nicht Mittel zum Zweck, sondern liturgisches Feiern im ursprünglichsten Sinn überhaupt.

Vorbereitung in Elterngruppen und mit den Kindern

Ganz wichtig in unserer Arbeit ist die Vorbereitung der Gottesdienste in Elterngruppen, in denen das aktuelle Leben mit der biblischen Botschaft in Zusammenhang gebracht wird. Im gegenseitigen Austausch entstehen Ideen der Glaubensvermittlung an die Kinder in dem Maß, wie wir als Eltern und Erzieher unseren Glauben mit dem Leben verbinden können. Dieser induktive Ansatz gibt die Garantie lebensnaher Feiern, in denen die MitarbeiterInnen als ZeugInnen des Glaubens sich selbst erfahren können. Manche Gottesdienste müssen vorher „geprobt" werden, damit eventuelle Spielszenen von den Mitfeiernden gut erfahren werden können. Diese Proben verstehen wir bereits als liturgisches Tun, denn gerade hier wird eine weitere Auseinandersetzung mit Glauben und Bibel erreicht. Je nach Art des Spiels übernehmen Kinder – oder auch die Erwachsenen – bestimmte Rollen selbst, um spielerisch, mit Gestik und eigenen Worten, das Wort zu verkünden, das unserem Leben einen Sinn gibt.

Manchmal übernehmen auch einfache, selbstgebastelte Puppen (z.B. mit Flaschen) die Rollen biblischer Figuren und werden zu „lebendigen" Verkündern der frohen Botschaft.

Nützliche Technika

Damit auch Kleinkinder gut mitsingen können, kommen häufig einfache Lieder zum Einsatz. Gute Erfahrungen machen wir mit unserer Instrumentalgruppe. In dieser sind auch ältere Kinder dabei, die dem Kindergottesdienst-Alter entwachsen sind. Durch ihr aktives Mittun und Musizieren auf der Flöte, der Gitarre oder mit Orffinstrumenten sind sie motiviert und kommen immer noch gerne zu den Gottesdiensten und feiern sie mit.

Die Feier an sich

Wichtig ist nicht, dass alles in der Feier perfekt verläuft, sondern echt: das heißt, dass jede(r) Mitwirkende so sein kann, wie er ist und sich so in den Gottesdienst einbringen darf. Alle Bewegungen, Handlungen, Aktionen und alles Reden soll zur Mitte hinführen, um die wir uns versammelt haben. Diese Mitte muss nicht unbedingt der Mittelpunkt eines konzentrischen Kreises sein, auch wenn dies die optimale Form ist, sondern ein von allen gut einsehbarer und erfahrbarer Ort im Gottesdienstraum. An diesem Ort ist die Handlung des Geschehens. Hier wird gelegt, entdeckt, geschaut und gespielt. An diesem Ort erscheinen die zentralen Symbole und von hier gehen die Impulse aus. Das heißt aber nicht, dass dieser Ort immer der gleiche ist; auch in einer liturgischen Feier können mehrere Orte Mittelpunkt sein, wenn sich die Mitfeiernden jeweils dort versammeln und zwischen den Orten Prozessionen stattfinden, die Abbild unseres Lebensweges sind.

Liturgie feiern

Ein Ziel in unseren Kindergottesdiensten ist, dass möglichst viele Kinder aktiv an der Feier beteiligt werden, damit es für sie zu einem wirklichen Fest kommen kann.

Für sinnvoll und notwendig halten wir weiter eine klare Absprache unter den einzelnen Liturgen und eine gute Rollenaufteilung. Wir erfahren es als positiv, wenn die Leitung in den Händen einer Person liegt, die die wesentlichen Teile des Gottesdienstes zusammenfügt, so dass ein Roter Faden entsteht. Sie/er koordiniert den Verlauf der Feier.

Ein(e) andere(r) ist zuständig für die Interaktion mit den Kindern, indem er diese herbeiholt und ihnen ihre Aufgaben übergibt. So wird die Kinderliturgie zum Dialog auch zwischen den Generationen. Der/die Musikbeauftragte kümmert sich um die Lieder und Instrumentalstücke. So tut jeder das, wozu er seine Befähigung hat. In diesem Zusammenspiel wird auch deutlich, dass Liturgie Auftrag der ganzen christlichen Gemeinde und nicht die eines Einzelnen ist.

Zum Schluss – Dank

Gottesdienstliche Feier enthält immer auch Dank. Deshalb bedanken wir uns ganz herzlich:

– Bei den Frauen aus Wildflecken, die jahraus, jahrein mitdenken und mitvorbereiten, damit unser christlicher Glaube lebendig gefeiert werden kann und so an die nächste Generation weitergegeben wird.
– Beim RPA-Verlag Landshut für die Abdruckgenehmigung mancher Lieder und Texte. Die im Text enthaltenen Verweise beziehen sich immer auf: Religionspädagogische Praxis, Jahr/Nr., Seite. Hier findet man auch weiterführende Gedanken und Ideen. Besonderer Dank gilt Herrn Franz Kett, der uns auf seinen Fortbildungstagen immer wieder neu begeistert mit seiner Methode der Glaubensweitergabe.
– Bei Doris Hopf, die die Bilder in diesem Buch gezeichnet und einige Lieder komponiert und getextet hat.
– Bei unseren Pfarrern und hauptamtlichen SeelsorgerInnen der letzten Jahre, die uns durch ihre Offenheit und ihr Vertrauen in unsere Gruppen viel Mut für unsere Arbeit gemacht haben.

Wildflecken/Riedenberg, Febr. 2001
Bernhard Hopf
Susanne Raab

Gott verheißt neues Leben

Anlass/Themenkreis

1. Adventssonntag

Ziel

Die Kinder sollen erfahren, dass Jesus der Heiland ist, auf den wir warten und der Licht in die Dunkelheit bringt

Vorbereitungen
Materialien

Adventskranz
Bibel
6 schwarze Tücher
5 Bilder aus Zeitschriften von Menschen, die im Dunkeln sind
Kleider für Spiel (König, Soldaten, Israeliten, Jesaja)
4 gemalte Bilder für Geschichte: zerstörte Stadt, verwüsteter Garten, umgeschlagene Bäume, zugeschütteter Brunnen
Seil
1 Kerze für Jesaja
Licht / Kerze, Spross, Schüssel mit Wasser, Zeichen für Wiese, Blume
Figur: Jesaja
5 Kerzen für Fürbitten
Orffinstrumente: Xylophon, Trommel, Glockenspiel, Triangel, Rassel

Gottesdienstübersicht

Kinder erfahren Dunkelheit in der Natur und in sich selbst

Biblische Geschichte:
Israeliten in der babylonischen Gefangenschaft
(vgl. Jes 9,1/11,1–16)

Gebet

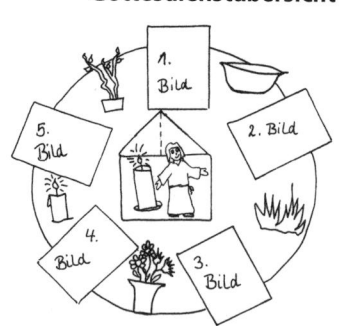

Gottesdienstverlauf

Lied: Wir sagen euch an ..., Str. 1 („Gotteslob" = GL 115)
Während des Liedes wird die erste Kerze vom Adventskranz ange-
zündet und von einem Kind im Kreis getragen.

▼

Begrüßung und
Hinführung

Hinweis auf die Adventszeit als Vorbereitungszeit, Wartezeit
Hinweis auf die Natur, die bereits zur Ruhe gekommen ist
Hinweis auf die dunkle Jahreszeit
Hinweis auf Jesus, den wir erwarten, der alles neu machen
möchte

▼

Kreuzzeichen

In dieser Hoffnung wollen wir jetzt unseren Gottesdienst beginnen
und wir beten gemeinsam:
Im Namen des Vaters ...

▼

Katechese

In die Mitte wird mit einem schwarzen Tuch ein Haus gelegt.
Wir sehen ein dunkles Haus. Wir schließen die Augen und stellen
es uns noch einmal in Gedanken vor. ♫ *Xylophon*
5 Kinder erhalten ein schwarzes Tuch. Sie stellen sich damit im
Kreis um das Haus und halten die Tücher vor sich.
Was entsteht? → Eine Mauer, eine Festung, ein Gefängnis ein
Turm?

Die Tücher werden um das schwarze Haus gelegt. Es entsteht eine
dunkle Fläche.
Woran erinnert uns diese dunkle Mitte? → Nacht, eine dunkle
Stadt, dunkles Land?
Dunkelheit und Nacht gibt es nicht nur in der Natur. Dunkelheit
und Finsternis wohnen auch in unserem Herzen. Nacht ist in uns,
wenn wir alleine sind, wenn wir traurig sind, wenn wir Angst
haben, wenn wir im Streit leben.

5 Bilder von Menschen, die im Dunkeln leben, werden auf die
schwarzen Tücher gelegt.

Nicht nur heute gibt es Menschen, in denen es dunkel ist. Nein, was heute ist, war auch gestern so und zu aller Zeit. Eine Geschichte erzählt uns davon, eine Geschichte, die sich vor über 2000 Jahren zugetragen hat.

Geschichte aus der Bibel

▼

Die Geschichte wird von Kindern gespielt, von Erwachsenen gelesen und mit Orffinstrumenten untermalt.

Ich erzähle euch von einem Land, das Israel heißt. Die Menschen, die in diesem Land wohnen, heißen Israeliten. Sie leben im Dunkeln, in der Finsternis. Sie wissen nicht mehr ein noch aus. Sie wissen sich nicht mehr zu helfen. ♪ *Xylophon*

Da ist ein mächtiger König mit seinen Soldaten gekommen, der König von Babylon. Er ist in die Stadt gekommen, in der die Israeliten wohnten, in die Stadt Jerusalem. *König mit Soldaten kommt.*

Er hat die Stadt zerstört. So, wie wenn einer von euch eine große Stadt von Bauklötzen baut und ein anderer kommt und fährt mit seinem Fuß dazwischen, so hat der König aus Babylon die Stadt Jerusalem zerstört. Kein Stein blieb auf dem anderen. *Bild mit zerstörter Stadt wird von Soldat hochgehalten und angeheftet.* ♪ *Trommelschläge*

Er hat die prächtigen Gärten der Stadt verwüstet. *Bild mit verwüsteten Gärten wird hochgehalten und angeheftet.* ♪ *Trommelschläge*

Er hat alle Bäume umschlagen lassen, damit sie nicht mehr blühen können und keine Früchte mehr bringen. *Bild mit umgeschlagenen Bäumen wird hochgehalten und angeheftet.* ♪ *Trommelschläge*

Er ließ die Brunnen der Stadt zuschütten, damit sie kein Wasser mehr geben. *Bild mit zugeschütteten Brunnen wird hochgehalten und angeheftet.* ♪ *Trommelschläge*

Die Israeliten aber nahm er mit sich. Als Gefangene nahm er sie mit. ♪ *Rassel*

Die Kinder und alten Leute, die Männer und Frauen. ♪ *Rassel*

Er führte sie in seine Stadt, in die Stadt Babylon. ♫ *Rassel*
Seil um alle Israeliten legen und abführen.

Sie sollten für ihn schwer arbeiten, seine Straßen bauen, seine Häuser und Paläste. ♫ *Trommelschläge*

Und wurde es dann Abend und die schwere Arbeit war getan, dann saßen die Israeliten beisammen. – *Israeliten sitzen im Kreis auf dem Boden.*

Sie waren voller Trauer, sie weinten und klagten. Sie sagten: *Israeliten lassen Köpfe hängen und sprechen folgende Sätze:*

Wir haben alles verloren, unsere Häuser und Gärten, unsere Stadt und unser Land. ♫ *Trommel*
Wir sind hier fremd, wir sind gefangen. ♫ *Trommel*
Wir wissen uns nicht mehr zu helfen, wir wissen nicht mehr aus und ein. ♫ *Trommel*
Auch in unserem Herzen ist es dunkel, wir haben keine Hoffnung mehr. ♫ *Trommel*

Doch da kam zu den Israeliten ein Wanderer, einer, der ein helles Licht geschaut hat, einer, der weiterweiß. Ein solcher Mensch heißt Prophet. Jesaja ist sein Name. *Jesaja kommt mit einer Kerze in der Hand und stellt sie auf das schwarze Tuch in der Mitte.*
Er sagt zu den Israeliten:
Lasst den Kopf nicht hängen!
Richtet euch wieder auf, habt Mut!

Nach jedem der folgenden Sätze legt Jesaja die entsprechenden Gegenstände auf ein schwarzes Tuch. Dazu: ♫ *Glockenspiel*
Ein helles Licht wird aufgehen über eurer Stadt! –
Aus den abgehauenen Baumstümpfen werden neue Sprosse wachsen. –
Aus den verstopften Brunnen wird frisches Wasser sprudeln. –
Wo jetzt alles wüst und leer ist, wird grünes Gras wachsen. –
Wo jetzt alles wüst und leer ist, werden tausend Blumen blühen. –
Gott hat euch nicht vergessen, Gott liebt euch. ♫ *Triangel*
Gott schickt euch einen Retter, er macht euch frei. Er führt euch heim in eure Stadt. ♫ *Triangel*

Gott schickt euch einen Erlöser, einen Heiland. Immanuel heißt er, das heißt: Gott ist mit uns. ♪ *Triangel*

Da atmeten die gefangenen Israeliten auf. Sie richteten sich wieder auf. Sie fassten wieder Mut und sie riefen jeden Tag nach ihrem Retter, nach Immanuel. – *Israeliten stehen auf, atmen tief durch und schauen nach oben, während sie singen:*

Lied: O komm, o komm, Immanuel, nach dir sehnt sich dein Israel

Auslegung ▼

Jesaja hat den Israeliten Mut gemacht in der Gefangenschaft, wo es ihnen schlecht ging. Auch heute gibt es immer wieder Menschen, die uns Mut machen, wenn es uns einmal nicht gut geht, wenn es dunkel in uns ist. Solche Menschen machen unser Leben hell, wenn sie uns sagen, dass sie uns mögen und uns helfen. Gerade jetzt im Advent, wo wir auf Jesus warten, dürfen auch wir Mut haben und anderen sagen, dass das Leben gut weitergehen wird.
Während der Auslegung werden die Kinder angeleitet, das Hängenlassen und Aufrichten mit ihrem Körper nachzuempfinden. Hinweis auf Jesaja. Die Figur im Kreis tragen und in die Mitte zur Kerze stellen.

Lied: Seht, die gute Zeit ist nah, oder: Kündet allen in der Not, Str. 1 u. 4 (GL 106)

Fürbitten ▼

Guter Gott, wir freuen uns auf Jesus, den Heiland, den Retter, so wie sich die Israeliten auf ihn gefreut haben. So wie sie nach ihrem Retter gerufen haben, wollen auch wir jetzt um dein Kommen beten.
5 Kinder lesen Fürbitten mit Licht in der Hand, das anschließend auf die schwarzen Tücher gestellt wird. Nach jeder Bitte singen wir:

Lied: O komm, o komm, Immanuel

– Komm, Herr Jesus, komm zu allen Menschen, um die sich niemand kümmert, die einsam und allein sind. – *Liedruf*

- Komm, Herr Jesus, komm zu allen Menschen, die traurig sind.
  – *Liedruf*
- Komm, Herr Jesus, komm zu allen Menschen, die krank sind, und die nicht wissen, wie es weitergehen soll. – *Liedruf*
- Komm, Herr Jesus, komm zu allen Menschen, die Angst haben.
  – *Liedruf*
- Komm, Herr Jesus, komm in unsere Familie, dass wir in Frieden und Freude miteinander leben. – *Liedruf*

Vater unser im Himmel ...

Lied: Offen kommen wir zu dir (Nr. 22)[1]

Schlussgebet

Herr, wir warten auf dein Kommen.
Komm in unsere friedlose Welt.
Komm und befreie uns von allem, was nicht gut ist.
Dann leben wir zufrieden in unserer Welt.
Mach uns offen und bereit,
damit wir dich in unserem Leben spüren. Amen.

Segen und Verabschiedung

Lied: Ein Kind will zu uns kommen (Nr. 6)

[1] Siehe Liedanhang.

Maria empfängt Gottes Leben

Anlass/Themenkreis

2. Adventssonntag

Ziel

Kinder sollen erfahren, dass wir uns
im Advent für das Ankommen Gottes
öffnen

Vorbereitungen
Materialien

Adventskranz
Bibel
Gelbes Tuch
Figuren: Maria, Josef
Kerze
Kleidung für Spiel (Maria, Engel)
Tonschale
Orffinstrumente: Xylophon,
Glockenspiel, Triangel, Flöte, Becken

Gottesdienstübersicht

Hinführung zum Evangelium

Evangelium: Der Engel bringt Maria
die frohe Botschaft; Josef ist bereit für
das Geschehen
(Lk 1,26–38)

Gebet

Gottesdienstverlauf

Lied: Wir sagen euch an ..., Str. 1 u. 2 (GL 115)
Während des Liedes werden die zwei Kerzen vom Adventskranz angezündet und von jeweils einem Kind im Kreis getragen.

▼

Begrüßung und Hinführung

Hinweis auf Adventszeit, auf die Zeit, in der wir warten und uns vorbereiten auf das Weihnachtsfest.
Wenn wir uns jetzt in der Adventszeit öffnen, dann können wir Jesus ganz in uns aufnehmen, dann kann er an Weihnachten geboren werden.
So wollen wir uns auch jetzt in diesem Gottesdienst öffnen für die frohe Botschaft, die uns von Gott geschenkt wird.

▼

Kreuzzeichen

Wir beginnen diesen Gottesdienst mit offenem Herzen und mit offenen Händen und beten gemeinsam:
Im Namen des Vaters ...

Lied: Seht die gute Zeit ist nah, oder: Kündet allen in der Not, Str. 1 u. 4 (GL 106)

▼

Katechese

Leben kann man nicht machen. Es wird empfangen. Es ist ein Geschenk. Wir können uns dem Leben öffnen und verschließen. Von Menschen, die sich dem Leben öffnen, das Gott ihnen schenkt, wollen wir heute hören.
Unsere Geschichte führt uns nach Nazareth in ein besonderes Haus.
Haus wird mit einem gelben Tuch gelegt.
In unserem Haus wohnt eine Frau. Maria ist ihr Name.
Maria wird von einem Kind im Kreis getragen und in das Haus gestellt. – Dazu:

Liedruf: In Nazareth, 1. Str. (Nr. 15)

Maria ist eine junge Frau. Sie gehört zum Volk Israel. Sie weiß, was Jesaja den Israeliten verheißen hat. Sie sehnt sich nach dem Retter, nach dem Immanuel. Sie bittet immer wieder Gott in einem alten Ruf darum. Wir wollen ihn mit ihr singen:

Lied: O komm, o komm Immanuel, nach dir sehnt sich dein Israel

Lied: In den Gedanken und Worten mein (Nr. 14)

Evangelium

(Das Evangelium wird von Erwachsenen gespielt.)

ERZÄHLERIN:
Maria ist in ihrem Haus. Es ist ganz still. ♫ *Xylophon*
Maria ist mit dem Herzen, mit den Gedanken ganz bei Gott.
♫ *Xylophon*
Ihre Hände sind offen wie eine Schale. ♫ *Glockenspiel*
Eine Schale wird ins Haus gestellt.
Wir öffnen unsere Hände auch wie eine Schale.
Wir sind offen wie Maria.
Wir legen unsere Hände auf den Knien ab.
Wie eine Schale bin ich still da und warte. ♫ *Glockenspiel*
Marias Hände sagen, was das Herz fühlt, wonach sie sich sehnt:

MARIA:
Gott, komm. Befreie uns von allem Dunkeln,
vom Leid, von der Not, von der Angst.
Schicke uns doch den Befreier, den Retter, den Messias, den Heiland.

ERZÄHLERIN:
Plötzlich wird es im Haus und im Herzen Marias ganz hell.
♫ *Triangel*
Ein Kind trägt eine Kerze zu Maria, stellt sich neben sie.
Es tritt einer ein, der hell ist, der vom Lichte kommt, ein Bote
Gottes, ein Engel kommt zu Maria und grüßt sie: ♫ *Flöte*

ENGEL:
Gegrüßet seist du, Maria.
Du bist voll der Gnade.
Der Herr ist mit dir.

Wir sprechen den Gruß in einzelnen Sätzen nach.

ERZÄHLERIN:
Maria ist erstaunt. Sie ist verwundert. Sie erschrickt vor dem Engel.

ENGEL:
Fürchte dich nicht. Gott schickt mich zu dir.
Gott will in dir wohnen. Du sollst ein Kind empfangen.
Das Kind soll Jesus heißen. Jesus ist der Retter, der Messias, der Heiland, der Erlöser. Du sollst die Mutter Jesu sein.

MARIA:
Wie soll das geschehen?

ENGEL:
Gottes Kraft wird auf dich herabkommen, der Heilige Geist wird über dich kommen.

ERZÄHLERIN:
Da öffnet Maria die Hände, sie öffnet ihr Herz; sie ist offen und bereit, so wie eine Schale weit offen ist.

MARIA:
Ja, es soll geschehen, wie Gott es will. ♪ *Glockenspiel*
Kinder wiederholen diese Worte und öffnen die Hände wie eine Schale.

ERZÄHLERIN:
Der Engel verneigt sich und geht wieder fort.
Nach dem Spiel wird die Kerze ins Bild gestellt.
In Maria beginnt neues Leben, das Gott gibt, Gottes Leben. Es beginnt klein und unscheinbar. Es wächst, so, wie wir alle neun Monate gewachsen sind im Leib unserer Mutter. Maria ist voll Freude. Sie ist guter Hoffnung, dass ihr Kind ein gesundes Kind wird.
Maria ist mit Josef verlobt. Verlobte besuchen sich, sie begrüßen sich herzlich, sie umarmen sich. Sie haben sich ganz gern. Sie wollen heiraten.
Ein Kind trägt die Josefsfigur im Kreis und stellt sie zu Maria – dazu:

Lied: In Nazaret, Str. 2 (Nr. 15)

Josef erkennt: Maria ist schwanger, sie bekommt ein Kind. Er ist ratlos. Wie soll er dazu stehen, zu Maria, seiner Verlobten, die bald Mutter wird? Wie soll er zu dem Kind stehen? ♫ *Becken*
Da kommt auch zu Josef ein Engel, nachts, im Traum. ♫ *Flöte*
Der Engel begrüßt Josef genauso wie Maria:

ENGEL:
Du bist voll der Gnade, der Herr ist mit dir!
Kinder sprechen diesen Gruß nach:

ERZÄHLERIN:
Josef erschrickt und der Engel sagt:

ENGEL:
Fürchte dich nicht, Josef. Was Maria unter ihrem Herzen trägt, kommt von Gott. Es ist Gottes Leben, es ist Gottes Kind. Sei du dem Kind ein Vater.
Sei du der Frau Maria ein Begleiter auf ihrem Weg.

JOSEF:
Ja, ich bin bereit. ♫ *Glockenspiel*

Lied: Gottes Liebe ist so wunderbar (Nr. 8)

Franz Kett (wörtliche Wiedergabe und Bearbeitung), aus: Religionspädagogische Praxis, Handreichung für elementare Religionspädagogik, Jhg. 1995, Nr. IV, S. 27f, „Gott werde Mensch", alle Rechte bei RPA Verlag, Landshut

Fürbitten

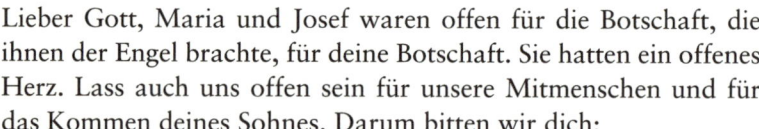

Lieber Gott, Maria und Josef waren offen für die Botschaft, die ihnen der Engel brachte, für deine Botschaft. Sie hatten ein offenes Herz. Lass auch uns offen sein für unsere Mitmenschen und für das Kommen deines Sohnes. Darum bitten wir dich:

Nach jeder Fürbitte singen wir den

Liedruf: Öffnet eure Hände (Nr. 21), statt „Hände" hier „Herzen" singen

– Lieber Gott, öffne unser Herz, damit wir sehen, wo Menschen unsere Hilfe brauchen.

- Lieber Gott, öffne unser Herz, damit wir spüren, wo wir für andere Zeit haben sollten.
- Lieber Gott, öffne unser Herz, damit wir unseren Mitmenschen wieder richtig zuhören können.
- Lieber Gott, öffne unser Herz, damit wir verzeihen können, wo andere uns wehgetan haben.
- Lieber Gott, öffne unser Herz für das Kommen deines Sohnes. Hilf uns, dass wir ihn ganz in unserem Herzen aufnehmen.

▼

Vaterunser

Vater unser im Himmel ...

▼

Friedensgruß

Lied: Offen kommen wir zu dir (Nr. 22)

▼

Schlussteil

Schlussgebet
Guter Gott, ich stehe vor dir.
Meine Hände sind offen.
Sie sagen:
Guter Gott, ich bin offen.
Ich bin bereit.
Mein Herz ist offen.
Komm zu mir!
Komm mit deiner Liebe.
Komm mit deinem Licht.
Komm mit deinem Leben.
Komm, Herr Jesus, komm.

Segen und Verabschiedung

Lied: Ein Kind will zu uns kommen (Nr. 6)

Maria trägt das Leben weiter

Anlass/Themenkreis	3. Adventssonntag
Ziel	Kinder sollen spüren, dass es sich lohnt, einen schwierigen Weg zu gehen, um Freude miteinander zu teilen
Vorbereitungen Materialien	Adventskranz Bibel Grüne, braune Tücher Steine, Dornen, Zapfen, Rosen Kleidung für Spiel (Elisabeth, Zacharias, Engel) Figur: Elisabeth mehrere Rosen + 4 Rosen (für Fürbitten) Kerze Orffinstrumente: Xylophon, Triangel, Flöte, Becken
Gottesdienstübersicht	Hinführung zum Evangelium Evangelium: Maria besucht ihre Verwandte Elisabeth (Lk 1,39–56) Gebet

Gottesdienstverlauf

Lied: Wir sagen euch an ..., Str. 1–3 (GL 115)
Drei Kinder tragen die Kerzen im Kreis und stecken sie auf den Adventskranz.

▼

Begrüßung und Hinführung

Gott hat seinen Engel zu einer Frau geschickt. Seine Anfrage war: Bist du bereit, das Leben, das Gott dir anvertraut hat, zu empfangen und zu tragen? Die Antwort Marias ist: Ich bin bereit.
Gott hat einen Engel auch zu einem Mann mit Namen Josef geschickt. Der Auftrag des Engels lautet: Sei du dem Kind ein Vater! Sei der Frau ein Begleiter auf ihrem Weg, Mutter zu werden. Auch Josef spricht wie Maria: Ich bin bereit.
Maria hat sich über das Kind in ihrem Herzen gefreut. Wenn man eine Freude in sich trägt, will man diese mit einem Menschen teilen, den man gern hat.
In unserem heutigen Gottesdienst machen wir uns mit Maria auf den Weg.

▼

Kreuzzeichen

Weil Gott mit uns immer auf dem Weg ist, beginnen wir in seinem Namen diesen Gottesdienst und beten gemeinsam: Im Namen des Vaters ...

Lied: Seht die gute Zeit ist nah, oder: Kündet allen in der Not, Str. 1 u. 4 (GL 106)

▼

Katechese

Unsere Geschichte, die wir heute hören, führt uns in ein hügeliges, steiniges Land, ins Gebirge.
Wiese mit Bergen wird mit Tüchern als Bild gelegt.
Kinder spielen Berge.
Der Weg ins Bergland ist nicht immer eben, er ist nicht überall leicht. Maria muss diesen Weg zu Fuß gehen. Steine liegen auf dem Weg, Dornen versperren ihn manchmal. Oft ist es trocken, sodass die Bäume dürr dastehen.
Wir geben vorsichtig einen Stein und Dornen herum, Steine,

Dornen und Zapfen werden auf die Wiese gestellt. ♪ *Xylophon*
Im Gebirge wohnt eine Verwandte Marias. Schauen und hören
wir, wer sie ist.
Ein Kind trägt die Elisabethfigur im Kreis und stellt sie im Gebirge
ab.
Dazu:

Lied: In Nazareth, Str. 3 (Nr. 15)

Frohe Botschaft   ▼

Lied: In den Gedanken und Worten mein (Nr. 14)

Evangelium
(Die Geschichte wird von Erwachsenen gespielt.)

Elisabeth, eine Verwandte Marias, wohnt im Gebirge. Sie ist ver-
heiratet mit Zacharias, einem Priester. Elisabeth wünscht sich
sehnlichst ein Kind. Viele Jahre wartet sie darauf, zusammen mit
ihrem Mann. Ihre Hoffnungen erfüllen sich nicht. Vielleicht ist
Elisabeth schon zu alt, um ein Kind zu bekommen?

ELISABETH und ZACHARIAS denken:
Hat Gott uns vergessen und verlassen? Warum mutet der Gott des
Lebens uns dies zu? ♪ *Xylophon*
Da geschieht ein Wunder. Wieder ist ein Engel im Spiel. Der Engel,
der auch zu Maria kam, der Engel Gabriel. Er bringt Licht in das
Dunkel. Er erhellt und erleuchtet. ♪ *Triangel*

Der ENGEL erscheint dem Zacharias und verkündet: ♪ *Flöte*
Fürchte dich nicht, Zacharias. Dein Gebet ist erhört. Elisabeth,
deine Frau, wird einen Sohn auf die Welt bringen, dem sollst du
den Namen Johannes geben. Du wirst jubeln vor Freude, und viele
werden sich mitfreuen an seiner Geburt. Denn er wird groß sein
vor Gott.
Zacharias ist überrascht. Er kann es nicht fassen. Er kann es nicht
glauben. Es verschlägt ihm die Sprache. ♪ *Becken*

Maria ist voll Freude, sie wird Mutter. Sie trägt ein Kind unter dem
Herzen. Es ist der Heiland, der Messias, der Retter. Maria hört von
ihrer Verwandten Elisabeth, dass auch sie ein Kind erwartet.
Maria will ihr helfen. So macht sich Maria auf den Weg ins

Gebirge, wo Elisabeth wohnt. ♪ *Xylophon*
Es ist ein schwerer Weg, ein steiniger Weg. Es ist mühsam, auf dem
Weg zu gehen. ♪ *Xylophon*

Endlich hat Maria den weiten Weg hinter sich. Elisabeth sieht
Maria kommen. Sie eilt aus dem Haus. Sie eilt Maria entgegen. Die
beiden umarmen und begrüßen sich. Elisabeth freut sich, als sie
sieht, dass Maria auch Mutter wird. Elisabeth sieht es an ihrem
Gesicht, sie spürt es an ihrer Hand, sie weiß es im Herzen: Maria
trägt den Heiland, unseren Herrn. Elisabeth freut sich. Auch das
Kind in ihrem Leib freut sich mit.

ELISABETH sagt nicht: Ach, du wirst auch Mutter. Nein, sie ruft
aus vollem Herzen:
Gegrüßet seist du, Maria. – *Kinder wiederholen jeweils.* ♪ *Triangel*
Du bist eine besondere Frau. –
Du bist auserwählt von Gott. –
Und das Kind in deinem Leib ist Gottes Sohn. –
Eine Kerze wird entzündet und zum Bild gestellt.

Maria ist von diesem Gruß berührt. Freude steigt in ihrem Herzen
auf. Freude muss man weitersagen, muss man ausrufen. So singt
MARIA ein Lied der Freude.
Ich lobe und preise Gott. – ♪ *Becken*
Er ist groß und mächtig. –
Er hat etwas Wunderbares an mir getan. –
Er hilft den Armen und Schwachen. –
Er kommt zu den Kleinen und Kranken. –
Sein Name ist heilig. –
Sein Reich hat kein Ende. –

Maria bleibt drei Monate bei Elisabeth, dann kehrt sie wieder
nach Nazareth zurück. ♪ *Xylophon*
In einem alten Lied wird Wundersames und Schönes erzählt.
Als Maria durch den Dornwald ging, mit dem Jesuskind unterm
Herzen, da haben die Dornen Rosen getragen.

Franz Kett (wörtliche Wiedergabe und Bearbeitung), aus: Religionspädagogische
Praxis, Handreichung für elementare Religionspädagogik, Jhg. 1995, Nr. IV, S.
35ff, „Gott werde Mensch", alle Rechte bei RPA Verlag, Landshut

Lied: Maria durch ein Dornwald ging
Dazu bringt ein Kind Rosen, trägt sie im Kreis und stellt sie zum Bild.

Fürbitten ▼

Guter Gott! Maria hat Jesus unter ihrem Herzen getragen. Wohin Maria ihr Kind trug, fing vieles zu blühen an. Dornen bekamen Rosen. Jesus bringt Leben, Freude, Frieden. Jesus will, dass auch wir aufblühen, will, dass es uns gut geht. Darum bitten wir:

Nach jeder Fürbitte singen wir den
Liedruf: Geh mit uns auf unserm Weg, Refr. („Troubadour für Gott"[2] = Tr 724)

– Lieber Gott, lass die Menschen aufblühen, die einen schweren Weg gehen müssen, indem sie Menschen finden, die ihnen auf dem Weg helfen.
– Lieber Gott, lass die Menschen aufblühen, die alleine sind, indem sie Menschen finden, die sich auf den Weg zu ihnen machen.
– Lieber Gott, lass die Menschen aufblühen, die zerstritten sind, indem sie wieder Wege zueinander finden.
– Lieber Gott, lass die Menschen aufblühen, die keine Hoffnung mehr haben, indem sie nicht aufgeben, immer wieder neu zu hoffen, und daran glauben, dass alles gut wird.

Bei jeder Fürbitte wird eine Rose auf das Bild gestellt.

Vaterunser ▼

Vater unser im Himmel ...

Friedensgruß ▼

Lied: Tragt in die Welt nun ein Licht (Nr. 24)

---

[2] Das Liederbuch „Troubadour für Gott" wurde herausgegeben vom Kolping-Bildungswerk, Diözesanverband Würzburg e.V., Sedanstr. 25, 97082 Würzburg. Die Nummern entsprechen der erweiterten Ausgabe von 1999.

▼

Schlussgebet

Guter Gott, Maria hat Jesus getragen unter ihrem Herzen.
Wohin Maria ihr Kind trug, fing vieles zu blühen an.
Jesus bringt Leben.
Jesus bringt Freude.
Jesus bringt Frieden.
Jesus will die Erde neu machen.
Wir freuen uns auf das Fest, an dem Jesus geboren wird.
Wir danken dir für Jesus. Amen.

Segen und Verabschiedung

Lied: Ein Kind will zu uns kommen (Nr. 6)

Hirten umsorgen und behüten das Leben

Anlass/Themenkreis : 4. Adventssonntag

Ziel : Den Kindern wird Jesus als der gute Hirte vorgestellt

Vorbereitungen Materialien : Adventskranz
Bibel
Schwarze, braune, grüne, blaue Tücher
Figuren: Hirte, Schafe
Hirtenkleidung für Spiel (Jonathan)
Kerze
Wurzel als Stall
Orffinstrumente: Glockenspiel, Xylophon, Trommel, Becken

Gottesdienstübersicht : Bußakt

Hinführung zur Geschichte

Hirtengeschichte

Evangelium: Jesus ist unser Hirte (Joh 10,11)

Gebet

30

Gottesdienstverlauf

Lied: Wir sagen euch an, Str. 1–4 (GL 115)
Kinder tragen Adventskerzen im Kreis und stecken sie auf den Adventskranz.

▼

Hinweis auf 4. Adventssonntag – Nähe zu Weihnachten, wo Gott Mensch wird
Jesus ist zu uns wie ein guter Hirte, der sich um uns kümmert und sorgt.

▼

In diesem Vertrauen wollen wir unseren Gottesdienst mit dem Zeichen des lebendigen Gottes beginnen und gemeinsam beten:
Im Namen des Vaters ...

▼

Kinder legen grüne Tücher zur Mitte. ♪ *Glockenspiel*
Das Grün führt hinaus auf eine Wiese, auf eine Weide. Wir können es uns vorstellen, wie das Gras wächst, wie sich die Grashalme im Wind wiegen. Wenn wir die Augen schließen, können wir von der Wiese träumen, von ihren Blumen. Wir sehen gelbe, rote, weiße und blaue Blumen vor unseren Augen. Vielleicht sehen wir einen Schmetterling über die Wiese fliegen.
Kinder spielen mit Händen das Wachsen des Grases, das Blühen der Blumen. ♪ *Glockenspiel*

Kinder bekommen Schafe in die Arme, die sie tragen und wiegen und dann auf die Wiese abstellen.
Ihr Kinder habt die Schafe in euren Armen anvertraut bekommen. Ihr habt sie sehr behutsam getragen und auf die Weide gebracht.

▼

Nicht immer gehen wir mit anderen Menschen und mit uns selbst so behutsam um wie gerade mit den Schafen. Deshalb wollen wir nachdenken, wo wir nicht gut mit Gottes Geschenken umgegangen sind:

Begrüßung und Hinführung

Kreuzzeichen

Katechese

Bußakt

31

Nach jedem Gedanken singen wir den
Liedruf: Herr erbarme dich, Refr. (Tr 106)

1. Vieles wird uns übergeben, anvertraut. Den Eltern werden ihre Kinder anvertraut. Größere Kinder haben schon einmal für ihre kleineren Geschwister zu sorgen. Manche Kinder versorgen Tiere, einen Hamster, eine Katze, einen Hund. – Wie gehen wir mit dem Leben um, das uns geschenkt wird, das uns in die Hand gegeben wird, das uns anvertraut ist? Tragen wir Verantwortung? Sind wir behutsam? Liebevoll? –

2. Uns Menschen wurde die Erde anvertraut. Sie trägt uns, sie erhält uns. Sie schenkt, was wir zum Leben brauchen: das Wasser, die Luft, Tiere zu Lande, im Wasser, in der Luft, Pflanzen und Früchte. – Wie gehen wir mit der Erde um? Sorgen wir uns um die Luft, die wir atmen, das Wasser, das wir trinken, für Wiese, Wald und Feld, für Pflanzen und Tiere? –

3. Die Menschen tragen Verantwortung füreinander. Wer viel zu essen hat, soll den Armen etwas abgeben, wer viel zu trinken hat, soll den Dürstenden etwas davon geben. Wir alle tragen Verantwortung für den Frieden in unseren Familien, in unserer Gemeinde, ja auf der ganzen Welt. – Wie gehen wir miteinander um? Sorgen wir uns um unsere Mitmenschen, um unsere Gemeinden? –

Ein Kind trägt den Hirten vor die Gemeinde und stellt ihn auf die Weide zu den Schafen.

Kehren wir zurück zu unseren Schafen. Sie sind nicht alleine. Der Hirte ist da. Geben wir ihm den Namen Jonathan. Hören wir, was uns Jonathan zu sagen hat.

Geschichte

(Die Geschichte wird von Erwachsenen gespielt.)

JONATHAN:
Ich heiße Jonathan und bin ein Hirte. Ich kümmere mich um meine Schafe, weil ich jedes einzelne von ihnen mag. Sie sind mir wichtig, und ich führe sie auf die Weide.

Kinder gestalten mit blauen Tüchern eine Quelle; mit Händen wird das Quellen des Wassers gespielt. ♪ *Glockenspiel*
Ich führe meine Schafe ans klare frische Wasser, damit sie keinen Durst haben, und dass es ihnen gut geht.
Eine Wurzel wird als Stall zur Wiese gestellt. ♪ *Xylophon*
Ich baue für meine Schafe einen warmen Stall, damit sie nicht frieren, wenn der Winter kommt.
Kinder gestalten mit braunen Tüchern Berge und Hügel und mit schwarzen Tüchern ein dunkles Tal zwischen den Bergen.
♪ *Trommel*
Manchmal führt der Hirte seine Schafe übers Gebirge, durch finstere Schluchten. Er gibt dann besonders Acht, dass keines verloren geht. Das neugeborene Schaf nimmt er in seine Arme. Er trägt es auf seinen Schultern.

ERZÄHLERIN:
Wenn der Hirte Jonathan seine Schafe hütet, hat er Zeit zum Überlegen. Er denkt über alles nach, über seine Schafe, über sein Leben, über Gott und die Welt. Er denkt:

JONATHAN: *(sitzt mit Schaf im Arm da)*
Meine Schafe haben es gut. Ich habe sie im Auge und im Herzen. Ich sorge mich um sie und suche für sie eine Weide, die sie satt macht. Ich führe sie an klares Wasser. Ich pflege die kranken Tiere und trage die schwachen. Ich führe sie durch Dunkelheit und Nacht. Ich suche das verlorene Schaf. Ich schütze die Schafe vor dem Wolf. Ja, meine Schafe haben es gut.

ERZÄHLERIN:
Und dann denkt Jonathan weiter.

JONATHAN:
Wie steht es mit uns Menschen?
Wer kümmert sich um uns?
Wer hat ein Herz für uns? ♪ *Becken*
Wer sorgt für uns?
Wer schaut auf uns? ♪ *Becken*
Wer macht unsere dunkle Welt wieder hell?
Wer macht die traurigen Menschen wieder froh? ♪ *Becken*
Wer macht die kranken Menschen wieder gesund?

Wer bringt Frieden in diese Welt? ♪ *Becken*
Gibt es auch für uns Menschen einen Hirten, der uns im Auge, im
Herzen hat, der uns führt und leitet, so wie ich es bei meinen
Schafen tu? Gibt es einen Menschenhirten, der uns begleitet, wenn
wir traurig und alleine sind? ♪ *Becken*

ERZÄHLERIN:
Und Jonathan spürt es in seinem Herzen.

JONATHAN:
Ja, es gibt ihn, diesen Hirten. Gott wird ihn uns bald schicken, den
Heiland, den guten Hirten. Er wird sich um uns kümmern. Er wird
immer bei uns sein. Ja, Gott vergisst uns nicht. Er ist der gute Hirte
für alle Menschen. ♪ *Glockenspiel*

ERZÄHLERIN:
Und Jonathan betet ein Hirtengebet. Wir wollen mit ihm beten
und nachsprechen:
Kerze anzünden und zu Jonathan stellen:

JONATHAN:
Du bist mein Hirte, Herr!
Du suchst uns, wenn wir uns verlaufen haben.
Du willst uns nahe sein, wenn wir verzweifelt sind.
Du willst, dass wir leben und froh sind.
Gott, auf dich wollen wir hören,
auf dich wollen wir schauen,
auf dich wollen wir vertrauen
wie Schafe auf ihren Hirten.
Du bist mein Hirte, Herr. Amen.

Wortgottesdienst „Ein Kind wird uns geboren": Franz Kett (wörtliche
Wiedergabe und Bearbeitung), aus: Religionspädagogische Praxis, Handreichung
für elementare Religionspädagogik, Jhg. 1988, Nr. III, S. 17ff, „Himmel und Erde
freuen sich", alle Rechte bei RPA Verlag, Landshut

Frohe Botschaft

Lied: In den Gedanken und Worten mein (Nr. 14)

Evangelium
Gott sorgt sich um alle Menschen. Er weiß um unsere Ängste und
Sorgen. Er sagt: Ich will den Menschen einen Hirten schicken,

einen Hirten, den sie sehen, hören und anfassen können. Jesus, meinen lieben Sohn. Er soll ihr Hirte sein. Er wird sie im Auge und im Herzen haben. Er wird suchen, was verloren ist, ja er wird sein Leben für sie geben.

Jetzt will ich meine Schafe selber suchen und mich selber um sie kümmern. Die Verlorengegangenen will ich suchen, die Vertriebenen zurückbringen, die Verletzten verbinden, die Schwachen kräftigen, die Fetten und Starken behüten. Ich will ihr Hirte sein und für sie sorgen, wie es recht ist.

Lied: Seht die gute Zeit ist nah, oder: Kündet allen in der Not, 1. u. 4. Str. (GL 106)

▼

Fürbitten

Guter Gott, wir freuen uns auf Jesus, den Heiland, den Retter. Er wird wie ein guter Hirte sein, der sich sorgt und sich um seine Schafe kümmert. Er zeigt uns die Wege und gibt auf uns Acht. Um sein Kommen wollen wir beten:

Nach jeder Fürbitte singen wir den

Liedruf: Jesus Christus, sei uns Hirte, immer für uns da (Nr. 18)

- Komm, Herr Jesus, komm zu allen Menschen, um die sich niemand kümmert, die einsam und alleine sind.
- Komm, Herr Jesus, komm zu allen Menschen, die traurig sind.
- Komm, Herr Jesus, komm zu allen Menschen, die krank sind und die nicht wissen, wie es weitergehen soll.
- Komm, Herr Jesus, komm zu allen Menschen, die in Streit leben, und zu denen, die nur an sich selber denken.
- Komm, Herr Jesus, komm in unsere Familien, dass wir in Frieden und Freude miteinander leben.

▼

Vaterunser

Vater unser im Himmel ...

▼

Friedensgruß

Lied: Tragt in die Welt nun ein Licht (Nr. 24)

▼

Schlussgebet
Der gute Hirte liebt seine Schafe.
Er trägt das schwache,
er pflegt das kranke.
Er sucht das verlorene
und hütet das gesunde.
Er führt zur Quelle
und auf die frische Weide.
Er schützt seine Schafe vor jeder Gefahr.
Wir warten auf Jesus und freuen uns, dass er bald kommt –
er wird sein wie ein guter Hirte, der sich um seine Schafe kümmert.
Lieber Gott, mach uns bereit für das Kommen deines Sohnes.
Amen.

Segen und Verabschiedung

Lied: Ein Kind will zu uns kommen (Nr. 6)

Anmerkungen zu den vier Adventsgottesdiensten und zur Kindermette:
Diese Gottesdienste können auch aufeinander aufbauend gefeiert
werden. In diesem Fall kann das jeweils entstandene Bild für den
nächsten Gottesdienst liegen bleiben, um weitergeführt zu werden.
(Siehe Gesamtskizze)
In der jeweiligen Hinführung sollte man
reflektierend auf den vergangenen
Gottesdienst verweisen und
dabei die entsprechende
Bild-Kerze entzünden.

Zeitreise des Lebens in die Ewigkeit

Anlass/Themenkreis	Kinderchristmette am Heiligen Abend des Weihnachtsfestes, als Familiengottesdienst gestaltet
Ziel	Die Kinder erfahren, dass Jesus selbst das Leben ist und all unsere Sehnsüchte stillt
Vorbereitungen Materialien	Bild (vgl. Skizze der Zusammenfassung der Adventsgottesdienste) wird ins Zentrum gelegt. Materialien der vier Adventsgottesdienste Bibel Kleidung für Spiel (Jesaja, Maria, Josef, Elisabeth) Evtl. Tanzlied Jesuskind, Stroh, Rosen Lichter in Anzahl der Kinder Blumen
Gottesdienstübersicht	Hinführende Fragen und Gedanken
	Biblische Personen suchen das Leben
	Frohbotschaft der Geburt Jesu (Lk 2,1–20) Lichterprozession
	Biblische Personen finden in Jesus Leben
	Fürbitten
	Opfergang der Kinder
	Gebet an der Krippe

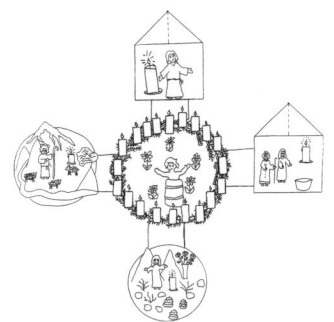

Gottesdienstverlauf

Einzug

Die Kirche ist dunkel.
Die Spieler sind auf ihren Plätzen.
GottesdienstleiterIn und MinistrantInnen ziehen mit Kerzen in die
dunkle Kirche ein, stellen Kerzen auf Altar und setzen sich auf ihre
Plätze.
Zum Einzug: Ruhige Musik

Gedanken

Vom Ambo aus werden folgende Fragen in den Raum gestellt:
Warum bin ich heute hier?
– Bin ich heute hier, weil die Christmette zum Heiligen Abend
  dazugehört?
– Bin ich heute hier, weil ich die nötige Stimmung für dieses Fest
  suche?
– Bin ich heute hier, weil mich jemand dazu überredet hat?
– Bin ich heute hier, damit ich sehe und gesehen werde?
– Bin ich heute hier, weil ich an diesem Abend nicht alleine sein
  will?
– Oder: Bin ich heute hier, weil mir Weihnachten etwas bedeutet?
– Bin ich heute hier, weil ich für mein Leben einen tieferen Sinn
  suche?
– Bin ich heute hier, weil Gott uns in dieser Nacht seinen Sohn
  schenkt, durch den unser Leben neu beginnen kann?

Lied: Macht hoch die Tür, Str. 1 (GL 107) *(Leise und meditativ ein-*
spielen)

Überleitung

Wir alle sind heute Abend hier – aus welchem Grund auch immer –, um miteinander diese Nacht zu feiern. Diese Nacht ist
etwas ganz Besonderes. Sie berührt jeden von uns auf eigentümli-
che Weise. Wir werden dieses Geheimnis, das wir jetzt miteinander
feiern, vielleicht nie richtig begreifen. Wir werden immer auf der
Suche nach dem Sinn des Weihnachtsfestes für unser Leben sein.

Wir werden immer auf der Suche nach Gott sein, so wie auch schon viele Menschen vor uns auf der Suche waren. Machen wir uns mit diesen Menschen auf die Suche und schauen, auf welche Art und Weise sie Gott gefunden haben, wie ihnen Gott begegnet ist.

▼

Die Personen sitzen oder stehen verteilt im Altarraum und werden beim Sprechen angestrahlt.

JESAJA:
Ich bin Jesaja, ein Prophet.
Ich suche das Leben.
Ich suche das Leben, in dem Israel befreit leben kann.
Ich suche das Leben, das unsere Dunkelheit wieder hell macht.
Ich suche das Leben, welches das verwüstete Land wieder erblühen und grünen lässt.
Ich suche das Leben, das in den verstopften Brunnen wieder Wasser sprudeln lässt.
Ich suche das Leben, das uns wieder Mut macht.

Lied: Suchen und fragen (Tr 171)

Während des Liedrufes läuft Jesaja suchend im Altarraum umher, bleibt dann hinter der Krippe stehen, schaut zum Himmel hinauf und sagt:

JESAJA:
Hier bin ich Gott ganz nah, hier geht es mir gut. Ich spüre es tief in meinem Herzen, dass Gott mich und unser Volk nicht im Stich lässt. Er wird uns einen Retter, einen Erlöser, einen Heiland schicken. Er wird uns das Leben schenken, nach dem ich suche.
Jesaja setzt sich an die Krippe.

Lied: Ein Kind will zu uns kommen (Nr. 6)
Kinder tragen Zeichen nach vorne: Kerze, Spross, Schüssel mit Wasser, Zeichen für Wiese, Blume.

MARIA:
Ich bin Maria.

Ich suche das Leben, das ich bejahen kann.
Ich suche das Leben, das mich erfüllt.
Ich suche das Leben, das ich weiterschenken kann.
Ich suche das Leben, das mich wachsen und reifen lässt.

JOSEF:
Ich bin Josef.
Ich suche das Leben, das mir Kraft gibt, das Richtige zu tun, den richtigen Weg zu gehen.
Ich suche das Leben, in dem ich mich meiner Verantwortung stellen kann.
Ich suche das Leben, das mir meine Zweifel nimmt.

Lied: Suchen und fragen (Tr 171)

Während des Liedrufes gehen Maria und Josef suchend im Altarraum umher, bleiben bei der Krippe stehen, schauen zum Himmel hinauf und sagen:

MARIA:
Hier bin ich Gott ganz nah. Hier geht es mir gut. Ich spüre es tief in meinem Herzen, dass Gott mir ganz nahe ist, dass er mir neues Leben schenkt.

JOSEF:
Auch ich spüre, dass Gott mir ganz nahe ist, dass er mir das Leben schenkt, er lässt mich nicht im Stich, er meint es gut mit mir.

Beide setzen sich zur Krippe.

Lied: Offen kommen wir zu dir (Nr. 22)

Kind trägt Schale nach vorne.

ELISABETH:
Ich bin Elisabeth, eine Verwandte Marias.
Ich suche das Leben, das mir Zufriedenheit gibt.
Ich suche das Leben, das mir Erfüllung bringt.
Ich suche das Leben, in dem ich eine sinnvolle Aufgabe habe.
Ich suche das Leben, in dem ich gebraucht werde.

Lied: Suchen und fragen (Tr 171)

Während des Liedrufes geht Elisabeth suchend im Altarraum umher, bleibt bei der Krippe stehen, schaut zum Himmel hinauf und sagt:

ELISABETH:
Hier spüre ich, dass Gott mir ganz nahe ist, er hat etwas Wunderbares getan. Er lässt das Leben in mir aufblühen. In der Begegnung mit Maria spüre ich, wie Gott auch heute noch in unserem Leben dabei ist.

Lied: Geh mit uns auf unserm Weg (Tr 724)

Ein Kind trägt Rosen nach vorne.
Elisabeth setzt sich zur Krippe.

HIRTEN:
Wir sind die Hirten. Wir kümmern uns Tag und Nacht um unsere Schafe. Wie steht es mit uns Menschen, wer kümmert sich um uns? Wer hat ein Herz für uns?
Ich suche das Leben.
Ich suche jemanden, der sich um mich kümmert.
Ich suche jemanden, der mich froh und glücklich macht.
Ich suche jemanden, der mein Leben hell macht.
Ich suche jemanden, der Frieden in die Welt bringt.
Ich suche einen Hirten, der sich um uns Menschen kümmert, der uns führt und leitet.

Lied: Suchen und Fragen (Tr 171)

Während des Liedrufes gehen die Hirten suchend im Altarraum umher, bleiben bei der Krippe stehen.

▼

Hinführung zum Evangelium
Menschen vor uns waren schon auf der Suche nach Gott, auf der Suche nach Anerkennung und Zuwendung, auf der Suche nach Verständnis und Freundschaft, auf der Suche nach Wärme und Licht, auf der Suche nach Sinn und Ziel. Wenn ich Gott immer wieder suche und er mich, werden wir einander auch begegnen und finden. So lasst uns jetzt die frohe Botschaft hören und versuchen, sie zu verstehen.

Lied: In den Gedanken und Worten mein (Nr. 14)

Evangelium

Maria und Josef spielen zur Geschichte.
Maria und Josef machen sich auf den Weg nach Bethlehem, in die Stadt Davids. Dort wollen sie sich in die Listen eintragen lassen, so wie der Kaiser Augustus befohlen hat. Maria aber erwartet ein Kind. Als sie nach Bethlehem kommen, suchen sie ein Haus, in dem sie bleiben können, ein Haus, wo sie schlafen können, wo es warm ist. Aber die Türen bleiben verschlossen, es ist kein Platz für sie. Die Häuser bleiben dunkel. Da gehen sie hinaus vor die Stadt Bethlehem und finden einen Stall. Maria und Josef bleiben in diesem Stall. Diese Nacht ist eine besondere Nacht. Es ist die Heilige Nacht. In dieser Nacht wird von Maria das Kind geboren – Jesus, unser Heiland. Maria wickelt das Kind in Windeln und legt es in eine Futterkrippe, weil kein Platz für sie war in der Herberge.

Lichterprozession
Maria hält das Jesuskind hoch, so dass es alle sehen; Kinder laufen mit Lichtern in den Händen zusammen mit Maria, Josef und dem Kind durch die Kirche. Nach dem folgenden Lied wird das Kind auf Stroh gelegt, die Lichter um das Kind gestellt. Während der Prozession singen wir:

Lied: Stille Nacht (z.B. GL 145)

Spiel

Alle SpielerInnen schauen zum Kind in der Krippe und sagen:

JESAJA: Das ist die frohe Botschaft!
MARIA: Das ist das Leben, das uns erfüllt.
JOSEF: Das ist das Leben, das uns Kraft und Stärke gibt.
ELISABETH: Das ist das Leben, das mir einen Sinn gibt.
1. HIRTE: Das ist das Leben, das unser Dunkel erhellt.
2. HIRTE: Das ist das Leben, das Frieden in die Welt bringt.
3. HIRTE: Das ist der Retter, der Erlöser, der Heiland. Er schenkt uns Freude, Frieden, Licht und Wärme.
ALLE: Er ist unser Leben.

Lied: Größe Gottes (Nr. 10)

Bei jeder Fürbitte wird eine Blume als Zeichen des Lebens zur Krippe gestellt.

Nach jeder Bitte singen wir den
Liedruf: Jesus, du bist für uns das Licht (hier: Leben) (Nr. 16)

Ja, es ist wirklich wahr. Gott ist da, mit uns, für uns, mitten unter uns. Er ist da in einem kleinen Kind, das unserem Leben Sinn gibt. Ihn wollen wir bitten:

- Lieber Gott, lass mich so sein wie Jesaja, der im Herzen den Traum von einer besseren Zukunft, von einem neuen Himmel und einer neuen Erde trägt, und der diese Hoffnung nicht für sich behält, sondern allen Menschen weitererzählt.
- Lieber Gott, lass mich so sein wie Maria, die offen ist für die Botschaft Gottes, die bereit ist, sie zu erfüllen, die das Leben bejaht, es empfängt und trägt.
- Lieber Gott, lass mich so sein wie Josef, der auf Träume achtet, der auf seine Art und Weise Gott erfährt und sich seiner Verantwortung stellt.
- Lieber Gott, lass mich so sein wie Elisabeth, die nicht aufgibt, die sich auf Gottes Botschaft einlässt, die spürt, dass sie gebraucht wird und deshalb ihre Aufgabe erfüllt.
- Lieber Gott, lass mich so sein wie die Hirten, die für das Leben sorgen, es behüten und bewahren, die Verantwortung tragen, die es tief im Herzen spüren, dass Gott zu uns kommt, dass er die nicht im Stich lässt, die an sein Kommen glauben.

Guter Gott, gerade heute an diesem Abend fühlen wir dich ganz nah. So höre und erhöre unsere Bitten und Wünsche, damit unser Leben gelingt. Heute und bis in Ewigkeit. Amen.

Gott schenkt uns neues Leben durch Jesus, seinen Sohn. Auch wir können Leben schenken, können anderen das Leben lebenswerter machen. Ihr Kinder habt in der Adventszeit Geld für die armen Menschen auf der Welt gespart. Ihr dürft nun eure Opferkästchen zur Krippe bringen und euch dann in einem großen Kreis um die Krippe versammeln.

Dazu singen wir:

Lied: Ihr Kinderlein kommet

Lieber Gott, wir danken dir für Jesus, der heute in Bethlehem geboren ist. Dein Sohn ist Mensch geworden, weil du willst, dass auch wir wirkliche Menschen werden. Dafür danken wir dir.
Alle: Gott, wir danken dir.
In Jesus machst du einen neuen Anfang in unserer Welt und schenkst allen Menschen, die wollen, deinen Frieden. Dafür danken wir dir.
Alle: Gott, wir danken dir.
Guter Gott, danke für Jesus, für seine Geburt, und danke für alles, was wir haben in unserem Leben. Ganz arg dürfen wir uns heute freuen über das Weihnachtsfest.
Gemeinsam mit allen Menschen, die an Christus glauben, beten wir nun, wie er es uns selbst gelehrt hat:

▼

Vater unser im Himmel ...

Die Kinder gehen wieder an ihren Platz.
An dieser Stelle kann ein Tanz oder eine andere Symbolhandlung eingebaut werden, die das Weihnachtsgeschehen noch einmal vertieft.

▼

Schlussgebet
Von Jesaja möchte ich lernen, die Hoffnung nicht aufzugeben, sondern daran zu glauben, dass Gott es gut mit uns meint.
Von Maria möchte ich lernen, offen zu sein für die Botschaft Gottes, um ihn in mir wohnen und wachsen zu lassen.
Von Josef möchte ich lernen, meine eigenen Pläne fallen und von Gottes Plänen durchkreuzen zu lassen.
Von Elisabeth möchte ich lernen, zu spüren, dass ich immer gebraucht werde, dass ich nie aufgeben darf.
Von den Hirten möchte ich lernen, mich überzeugen zu lassen von der Einladung Gottes.

Von den Engeln möchte ich lernen, die Freudenbotschaft Gottes weiterzutragen und mit eigenen Worten zu sagen.

Ich möchte spüren und erfahren, dass mir Gott nahe ist an jedem Tag in meinem Leben – so wie heute an Weihnachten –, dass er mich behütet und mich segnet.

Segen

So segne uns und alle Menschen, die wir lieben, der menschgewordene Gott, der Vater, der Sohn und der Heilige Geist. Amen.
Gehet hin in Frieden. Dank sei Gott, dem Herrn.

Schlusslied: O du fröhliche

Simeon erkennt in Jesus den Messias

Anlass/Themenkreis : Fest der Darstellung des Herrn
(2. Februar)

Ziel : Die Kinder sollen erfahren, dass Jesus
das Licht der Welt ist

Vorbereitungen : Bibel
Materialien : Runde Tischdecke
Gelbe Streifen
Bauklötze und Goldkuppeln
Jesuskind
Jesuskerze
Lichter (nach Anzahl der Kinder)
Meditations-,Tanzmusik
Kleidung für Spiel (Maria, Josef,
Simeon)

Gottesdienstübersicht : Tempel wird gebaut

Evangelium

Vertiefung durch Lichtertanz

Gebet

Einzelsegnung mit Kerzen

Gottesdienstverlauf

Lied: Es läuten alle Glocken (Tr 407)

Begrüßung und Hinführung

Heute feiern wir noch einmal ein weihnachtliches Fest. Das Fest heißt: Darstellung des Herrn. Das klingt recht schwer. Es meint eigentlich nur, dass das kleine Jesuskind von seinen Eltern in den Tempel *(evtl. erklären)* gebracht wurde, wie es im Judentum Brauch war. Dieses Kind soll Gott gehören.
Eure Eltern haben euch bei der Taufe auch in die Kirche gebracht und euch somit Gott anvertraut und Ja zum Glauben an Gott gesagt.

Kreuzzeichen

Wir wollen unseren Gottesdienst mit dem Zeichen unseres Herrn beginnen, das uns als erstes Zeichen geschenkt wurde. In diesem Zeichen gehören wir zu Gott.
Im Namen des Vaters ...

Katechese

Eine runde Tischdecke wird in die Mitte gelegt.
Die Kinder legen Bausteine um die Decke. Auf die Steine werden goldene Kuppeln gesetzt. Dazu Meditationsmusik.
Die Kinder raten, welches Bild hier entstanden ist.

Von diesem Tempel ging ein großer Glanz aus. Er war der Mittelpunkt des Lebens in Israel. Deswegen legen wir jetzt Sonnenstrahlen an den Tempel als Zeichen des Lichtes.
Kinder legen gelbe Streifen als Sonnenstrahlen.

Frohe Botschaft

Lied: In den Gedanken und Worten mein (Nr.14)

Evangelium
Das Evangelium wird von Kindern gespielt.
Maria und Josef stehen mit dem Jesuskind in der Mitte. Sie halten es hoch, damit es jeder sehen kann.
Maria und Josef tragen Jesus, der inzwischen 40 Tage alt ist, in den

Tempel, in das Haus Gottes. Sie wollen Danke sagen für ihr Kind. Sie wollen Gott Danke sagen. Sie wollen Gott aber auch bitten, dass er das Kind segnet. Das taten die Eltern immer, wenn sie ein Kind bekommen hatten. Maria und Josef bringen auch ein Geschenk mit in den Tempel. Zwei weiße Tauben, das Opfer armer Leute. Das Geschenk soll Zeichen sein, dass alles von Gott kommt, dass ihm alles gehört.

Kinder erhalten Kerzen, die entzündet werden. Maria, Josef und die Lichterkinder ziehen durch die Kirche zum Lied:

Lied: Aufstehn, aufstehn (Nr. 1)

Simeon tritt auf.
In Jerusalem lebt ein Mann, Simeon heißt er. Er ist schon alt. Jeden Tag kommt er in den Tempel, um zu beten. So betet er: „Gott, schicke uns einen Retter, einen Heiland, sende uns einen, der Licht bringt in alle Dunkelheit. Schick uns den Messias. Gott, ich habe schon mein ganzes Leben lang auf ihn gewartet. Ich weiß, ich werde nicht sterben, bevor ich den Heiland gesehen habe."
Alle Kinder warten mit offenen Händen eine Weile.

Maria und Josef gehen in den Tempel.
An dem Tag, an dem Maria und Josef das Kind in den Tempel bringen, spürt Simeon tief in seinem Herzen: „Heute ist der Tag, an dem ich den Heiland schauen darf. Jetzt ist die Zeit da. Jetzt ist der Heiland da."

Simeon geht in den Tempel.
So geht Simeon in den Tempel. Er sucht das Kind. Bei Maria findet er es. Er darf es auf seine Arme nehmen. Er trägt das Kind. Er spürt die Wärme des Kindes. Er spürt, wie es atmet. Simeon neigt sein Gesicht ganz nah zum Kind. Das Kind lächelt ihn an. Simeon weiß: „Ich trage das Leben in meinen Armen." Simeon singt ein Lied: „Ich habe nicht umsonst mein ganzes Leben gewartet. Meine Augen sehen das Licht, das die ganze Welt erleuchtet.

Jesus du bist jetzt da.	– *Kinder wiederholen*
Jesus, ich freue mich.	– *Kinder wiederholen*
Jesus, ich habe dich lieb.	– *Kinder wiederholen*
Jesus, du machst mich glücklich.	– *Kinder wiederholen*
Jesus, du machst mich hell.	– *Kinder wiederholen*

Ich trage das Leben in meinen Armen. Nun kann ich in Frieden sterben."

Maria und Josef wundern sich über Simeon, sie sind erstaunt. Simeon spricht zu Maria Worte, die sie noch nie gehört hat. Er sagt: „Jesus wird viel leiden und du, seine Mutter, wirst dabei viel mitleiden."
Maria ist still. Sie spürt: Jesus ist ein besonderes Kind. Er ist der Heiland. Er ist der Retter der Welt. Er ist das Licht für die Menschen.
Kerzenkinder stellen die Kerzen im Tempel ab. Simeon bleibt im Tempel. Maria und Josef ziehen mit Jesuskind und mit Kindern, die die Jesuskerze und eine Bibel tragen, zu folgendem Lied im Kreis herum:

Lied: Zündet an das helle Licht (Nr. 27)

Jesuskind wird mit Kerze und Bibel in den Tempel gelegt.

Evangeliumserzählung nach Lukas 2,21–32 (Lichtmess): Franz Kett (Wörtliche Wiedergabe und Bearbeitung), aus: Religionspädagogische Praxis, Handreichung für elementare Religionspädagogik, Jhg. 1981, Nr. I, S. 24f und Jhg. 1982, Nr. IV, S. 64 (Liedtext), alle Rechte bei RPA Verlag, Landshut

Lichtertanz
Alle Kinder erhalten eine brennende Kerze und stellen sich um die Mitte. Zu meditativer Musik einfacher Lichtertanz, anschließend Kerzen in den Tempel stellen.

▼

Fürbitten

Guter Gott, Jesus, dein Sohn, ist das Licht der Welt. Er macht unser Leben hell und warm. Er will uns unser Leben lang begleiten. Darum entzünden wir nun Kerzen an der Jesuskerze und beten darum, dass auch wir füreinander Licht werden können.

Nach jeder Bitte singen wir:
Liedruf: Jesus, du bist für uns das Licht (Nr. 16)

– Wie eine Kerze, wie Jesus leuchtet, so möchte ich selber sein. Ich möchte Licht verbreiten, ich möchte leuchtend sein.
– Wie eine Kerze, wie Jesus warm macht, so möchte ich selber sein. Ich möchte Wärme schenken, mein Herz soll Liebe sein.

– Wie eine Kerze, wie Jesus aufstrahlt, so möchte ich selber sein. Ich möchte Freude schenken, ich möchte fröhlich sein.
– Wie eine Kerze, wie Jesus sich verzehrt, so möchte ich selber sein. Ich möchte Freundschaft schenken. Ich möchte Freund dir sein.

Vaterunser

Vater unser im Himmel ...

Friedensgruß ▼

Lied: Gib uns Frieden jeden Tag (Tr 284)

Schlussteil ▼

Schlussgebet
Gott, unser Vater,
Jesus wurde als Mensch geboren.
Er bringt uns das Licht.
Er bringt uns das Leben.
Wir freuen uns über Jesus.
Wir danken dir für Jesus.
Amen.

Segen
Kinder kommen nach vorne, erhalten eine Kerze aus der Mitte und werden damit einzeln gesegnet mit folgendem Spruch:
Jesus macht dein Leben hell. Er liebt dich und segnet dich.
Im Namen des Vaters ...

Schlusslied: Herr, geh mit uns (Tr 342)

Der 12-jährige Jesus im Tempel

Anlass/Themenkreis

Zum Beispiel ein Sonntag in der Weihnachtszeit, damit das Leben Jesu als Kind und Jugendlicher mehr beleuchtet wird

Ziel

Die Kinder sollen erfahren, dass Jesus sich als 12-Jähriger zu Gott hingezogen gefühlt hat

Vorbereitungen Materialien

Bibel
Steine für Tempel, Goldkuppeln (Steine in Goldfolie), Lichter
Meditations- und Tanzmusik
Figuren: Maria, Josef, Jesuskind, Stroh
Jesuskerze
Kleidung für Spiel (Maria, Josef, Jesus)
Orffinstrumente: Xylophon, Trommel, Becken, Glockenspiel

Gottesdienstübersicht

Rückschau auf Weihnachten

Tempelbau

Evangelium: Der 12-Jährige im Tempel (Lk 2,41–52)

Vertiefung der biblischen Geschichte durch Lichtertanz

Gebet

Gottesdienstverlauf

Lied: Es läuten alle Glocken (Tr 407)

Begrüßung und Hinführung

Maria, Josef und Jesus auf Stroh sind sichtbar.
– Erinnerung an das Geburtstagsfest von Jesus in Bethlehem
– Hinweis auf die Krippe in unserer Mitte
– Erinnerung an die Hirten, an die Drei Könige ...
– Maria und Josef sind nach der Geburt mit Jesus nach Nazareth gezogen
– Jesus wurde größer, er lernte laufen, sprechen und andere Dinge für sein Leben
– Maria und Josef haben ihm viel von Gott erzählt und mit ihm gebetet ...
– Maria und Josef waren gläubige Menschen. Jedes Jahr gingen sie einen weiten Weg in die Stadt Jerusalem, um dort im Tempel, im Hause Gottes zu beten, zu singen – mit vielen anderen Menschen gingen sie dorthin
– Diesen Tempel, das Gotteshaus, wollen wir hier in unserer Mitte gemeinsam legen, gestalten
Jedes Kind legt einen Stein um den großen Teppich in der Mitte. Der Tempel wird außerdem mit Goldkuppeln geschmückt – dazu Meditationsmusik

Frohe Botschaft

Hinführung
Wir sehen in unserer Mitte das Gotteshaus, den Tempel. Wir hören nun von Jesus. Er ist gewachsen, viele Jahre sind vergangen, er ist inzwischen 12 Jahre alt geworden.

Evangelium

Lied: In den Gedanken und Worten mein (Nr.14)

Kerze und Bibel werden im Kreis getragen und in den Tempel gestellt.
(Maria, Josef und Jesus werden von Kindern gespielt.)

Als das Paschafest naht, sagen Maria und Josef zu Jesus: Wir wollen dieses Jahr wie alle Jahre nach Jerusalem gehen, um dort das Paschafest zu feiern. Diesmal sollst du mitgehen, denn du bist groß geworden. So ziehen sie zusammen nach Jerusalem. Viele andere Menschen machen sich auch auf den Weg. Sie wollen alle in den Tempel, in das Gotteshaus gehen, um dort zu beten und Gott zu loben. ♪ *Xylophon*
Maria, Josef, Jesus und alle Kinder ziehen durch die Kirche.

Lied: Aufstehn, aufstehn (Nr. 1)

Die Kinder setzen sich wieder. Maria, Josef und Jesus gehen in den Tempel.
Im Tempel beten die Menschen. Sie loben Gott. Sie singen ihm Lieder:

Lied: Hallelu (Tr 177)

Nach den Festtagen machen sie sich auf den Heimweg.
♪ *Xylophon*
Jesus aber bleibt in Jerusalem, ohne dass es seine Eltern bemerken. Sie denken, er wird irgendwo bei den Onkeln und Tanten in der großen Menschenmenge sein. Doch nach einigen Tagen beginnen sie ihn zu suchen. Sie finden ihn nicht bei den Verwandten.
♪ *Trommelschläge*
Da kehren sie um, gehen nach Jerusalem zurück und suchen ihn dort. Drei Tage lang suchen sie ihn – Straße auf, Straße ab.
♪ *Trommelschläge*
Wo mag Jesus nur sein? Schließlich gehen sie in den Tempel.
♪ *Becken*
Da sitzt er mitten unter den Priestern. Er hört ihnen zu, er stellt Fragen, gibt Antworten. Alle Menschen um ihn herum sind erstaunt über das, was Jesus sagt. Sie staunen, wie er alles von Gott versteht. ♪ *Becken*
Jesus fühlt sich sehr wohl im Gotteshaus. Er spürt dort Wärme und Licht. Er spürt, dass Gott ihm ganz nahe ist. ♪ *Glockenspiel*
Kinder stellen Lichter um den Tempel. ♪ *Meditationsmusik*
Als Maria und Josef ihn sehen, sind sie betroffen und entsetzt.
♪ *Trommelschlag*

Kind, wie konntest du uns das antun? Dein Vater und ich haben dich voll Angst gesucht!

Jesus aber antwortet: Warum habt ihr mich gesucht? Wusstet ihr nicht, dass ich hier bei meinem Vater sein muss? Hier gehöre ich hin. Hier geht es mir gut! ♫ *Glockenspiel*

Maria und Josef verstehen nicht so recht, was er damit meint. Gemeinsam gehen sie nach Nazaret zurück. ♫ *Xylophon*

Maria aber denkt noch an das, was Jesus zu ihr gesagt hat. Ich muss bei Gott sein. Gott ist mein Vater. Ich gehöre zu ihm.
♫ *Glockenspiel*

Maria spürt, dass Jesus einen besonderen Weg gehen wird, dass er ein besonderes Kind ist. Gott ist sein Vater. ♫ *Beckenschläge*

Tanz: *Mit allen Kindern tanzen wir zu einer frohen Musik.*

Fürbitten

Lieber Gott, Jesus hat im Tempel gespürt, dass du da bist. Lass auch uns immer wieder erkennen, dass du bei uns bist. Darum bitten wir dich:

Nach jeder Fürbitte:
Liedruf: Das wünsch ich sehr (Nr. 2)

– Lieber Gott, lass uns erkennen, dass du da bist, wenn wir miteinander spielen und essen.
– Lieber Gott, lass uns erkennen, dass du da bist, wenn wir gesund oder krank sind.
– Lieber Gott, lass uns erkennen, dass du da bist, wenn wir lachen oder weinen.
– Lieber Gott, lass uns erkennen, dass du da bist, wenn wir streiten und uns versöhnen.

Vaterunser

Vater unser im Himmel ...

Friedensgruß

Lied: Offen kommen wir zu dir (Nr. 22)

Schlussgebet

Jesus, du bist in den Tempel gegangen,
in das Gotteshaus.
Bei Gott willst du sein.
Jesus, du bist Gott ganz nahe.
Du liebst ihn und hörst auf ihn.
Gott ist dein Vater.
Du kannst uns viel von Gott erzählen.
Hilf uns, dass auch wir Gott lieben.

Gebet von Pater Dr. Meinulf Blechschmid (aus Gestaltungskatechese „Jesus wird gesucht"), aus: Religionspädagogische Praxis, Handreichung für elementare Religionspädagogik, Jhg, 1999, Nr. I, S. 23, „Mit Jesus den Weg ins Leben gehen", alle Rechte bei RPA Verlag, Landshut

Schlusslied: Gottes Liebe ist so wunderbar (Nr. 8)

Durch die Taufe werden wir in die christliche Gemeinde aufgenommen

Anlass/Themenkreis

Fest der Taufe des Herrn
Oder Taufgeschehen in der Gemeinde

Ziel

Die Kinder sollen erfahren, dass sie mit der Taufe in die christliche Gemeinde aufgenommen werden und die Symbole der Taufe erleben

Vorbereitungen Materialien

Kinder bringen eigene Taufkerzen mit

In die Mitte wird ein Bild aus Tüchern gelegt: Wüstenlandschaft, mit Bergen und Fluss und blühendem (Blumen) Land um den Fluss herum (braune, ockerfarbene, grüne, blaue Tücher)
4 braune Tücher als Wege
Figuren: Jesus, Johannes
Jesuskerze und Bibel
Bilder von Traurigen, Kranken, Sündern, Holzkreuz
Eine große und mehrere kleine Wasserschüsseln, Taufkleid, Salbe
Orffinstrumente: Triangel, Glockenspiel, Xylophon, Becken, Trommel

Gottesdienstübersicht

Johannes der Täufer wird vorgestellt

Evangelium: Die Taufe Jesu
(Lk 3,7–22)

Hinführung zur eigenen Taufe

Taufsymbole erleben

Gottesdienstverlauf

Lied: Aufstehn, aufstehn (Nr.1)

▼

Begrüßung und Hinführung

– In dieser Feier erleben wir wieder Gemeinschaft mit anderen, nicht nur mit unserer Familie.
– Heute wollen wir uns an ein Fest erinnern, mit dem das Leben in einer christlichen Gemeinde begonnen hat, ein Fest, durch das wir in den Freundeskreis Jesu aufgenommen wurden.
– Wir wollen uns an die eigene Taufe erinnern, die die meisten von euch gar nicht bewusst erlebt haben, weil sie noch sehr klein waren.

▼

Kreuzzeichen

Gott ruft uns alle beim Namen. Wir sind getauft und haben den Namen Christi bekommen. Darum beginnen wir miteinander und sprechen gemeinsam:
Im Namen des Vaters ....

▼

Katechese

– Hinweis auf das Bild in der Mitte, auf das Land Israel, das trocken und steinig ist.
– Hinweis auf den Fluss Jordan, der durch das Land fließt, der um sich herum die Wüste blühen und grünen lässt.
– An diesem Fluss, dem Jordan, lebt Johannes, ein Gottesmann. Er ist ein Prophet. Er ist ein Mensch, der ganz wach ist, der Gottes Stimme im Herzen hört und darum auch den Menschen die Worte Gottes sagt. – *Johannesfigur wird im Kreis getragen und ins Bild gestellt.*

▼

Frohe Botschaft

Lied: In den Gedanken und Worten mein (Nr. 14)

Evangelium
Viele Menschen kommen zu Johannes, um ihm zuzuhören, wenn er von Gott spricht.

Johannes ruft den Menschen zu: „Bereitet dem Herrn den Weg. Gott will kommen. Macht euer Herz bereit. Kehrt um, lasst das Böse, lasst den Streit. Seid gut zueinander. Macht euch bereit. Gott will zu euch kommen."

Viele Menschen hören Johannes zu. Sie kommen von weit her. Sie gehen ein oder zwei Tage zu Fuß an den Jordan. Sie horchen auf Johannes und sagen: „Wir wollen umkehren. Wir wollen das Böse lassen und ein neues, ein gutes Leben führen."

Wenn die Leute das sagen, dann taucht Johannes sie im Jordan unter. So tauft er die Leute mit Wasser. Johannes aber sagt: „Ich taufe euch mit Wasser, aber einmal wird einer kommen, der tauft euch mit der Kraft Gottes. Er wird euch ein ganz neues Leben geben."

Eines Tages kommt Jesus zu Johannes an den Jordan: – *Jesusfigur wird zu Johannes gestellt.*

Jesus sagt zu Johannes: „Johannes, ich will, dass du mich taufst."

Doch Johannes erwidert: „Jesus, du bist doch rein. Du bist gut und heilig. Du brauchst nicht getauft zu werden."

Jesus aber sagt: „Ich will es so. Ich will mit den Menschen in den Jordan steigen. Ich will ihnen ganz nahe sein."

So tauft Johannes Jesus. – *Jesusfigur wird in den Fluss gestellt.*

Jesus taucht unter in den Fluss und steigt wieder heraus. Als er heraussteigt, geschieht etwas Wunderbares: Der Himmel öffnet sich und eine Stimme ist zu hören. ♪ *Becken*

Die Stimme Gottes spricht: „Dieser Jesus ist mein geliebter Sohn."
♪ *Triangel*

Und die Kraft Gottes, der Heilige Geist, kommt auf Jesus herab und erfüllt ihn. ♪ *Glockenspiel*

Jesuskerze wird in die Mitte gebracht, entzündet und zu Jesus gestellt.

Danach geht Jesus in der Kraft Gottes vom Jordan weg zu den Menschen. ♪ *Xylophon*

Er geht in ihre Dörfer und Städte:

Zu den Traurigen	– *Weg mit Bild anlegen* ♪ *Xylophon*
Zu den Kranken	– *Weg mit Bild anlegen* ♪ *Xylophon*
Zu den Sündern	– *Weg mit Bild anlegen* ♪ *Xylophon*

Er geht zu allen, die Gott suchen. Er ruft ihnen zu: „Gott ist euer Vater. Er liebt euch. Er will euch neues Leben schenken. Er hat mich gesandt, um euch dieses neue Leben, Gottes Leben, zu schenken." ♪ *Becken*

Lied: Gottes Liebe ist so wunderbar (Nr. 8)

Dann geht Jesus den Kreuzweg, einen schweren Weg. Er trägt das Kreuz. Er sagt: „Ich trage das Kreuz für euch. Am Kreuz gebe ich mein Leben für euch hin." ♪ *Trommel. Weg aus Tüchern legen und Kreuz darauf legen.*
Gott aber hat Jesus von den Toten auferweckt. Wir glauben und hoffen, dass Jesus auferstanden ist, dass Jesus lebt. Bevor er zu seinem Vater heimkehrt, sagt er zu seinen Freunden: „Geht zu allen Menschen und tauft sie im Namen des Vaters und des Sohnes und des Heiligen Geistes. Alle Menschen sollen das neue Leben empfangen. Alle Menschen sollen meine Brüder und Schwestern werden. Alle sollen zu Gott sagen: Vater unser im Himmel."

▼

Vater unser im Himmel ...

▼

Hinführung zu unserer Taufe
Kinder nach Zeichen fragen

1. ZEICHEN: DAS WASSER UND DER NAME DES DREIFALTIGEN GOTTES

Eine Schüssel mit Wasser wird in die Mitte geholt, und Wasser wird so geschöpft, dass es alle sehen können.
Mit Wasser sind wir getauft worden. Wir hören, was das Wasser uns sagen möchte:

KIND:
Ich bin klar. Ich bin rein. Ich stille den Durst. Ich schenke Leben. Ich erfrische.

Jesus, du sagst zu uns:
„Komm zu mir, trinke bei mir.   *(alle wiederholen)*
Ich bin das Wasser des Lebens.   *(alle wiederholen)*
Ich mache dich rein."   *(alle wiederholen)*

Mit diesem Wasser sind wir getauft worden und haben das Zeichen von Jesus empfangen, das Kreuzzeichen.
Immer wenn wir uns mit Wasser bezeichnen, ein Kreuz über uns schlagen, denken wir an unsere Taufe.
Wir dürfen jetzt unsere Fingerspitzen in das Wasser tauchen und mit dem Wasser langsam das Zeichen des Kreuzes über uns machen:
Im Namen des Vaters ...

Wir gehen mit kleinen Wasserschüsseln herum.

Liedruf: Das wünsch ich sehr (Nr. 2)

2. ZEICHEN: DIE SALBUNG

Gut riechende Salbe wird den Kindern gezeigt und erklärt.
– Mutter macht Salbe auf die Haut zur Heilung
– So wie die Salbe heilt und schützt, so soll die Salbe bei der Taufe vor dem Bösen und Schlechten schützen, sie soll uns stärken

Kinder dürfen sich gegenseitig in der Handfläche salben.

Liedruf: Das wünsch ich sehr (Nr. 2)

3. ZEICHEN: WEISSES KLEID

Bei der Taufe haben wir noch etwas Besonderes empfangen bzw. angezogen bekommen.
Ein Kind trägt weißes Taufkleid im Kreis.
Das Kleid möchte uns etwas sagen:

KIND:
Ich kleide dich. Ich hülle dich ein. Ich mache dich schön. Ich gebe dir Ansehen und Würde. Ich bin sauber. Ich bin weiß. Ich schütze dich. Bewahre mich.

Jesus, du sagst zu uns:
„Ich gestalte dich neu.   *(alle wiederholen)*
Du gehörst jetzt ganz zu mir.   *(alle wiederholen)*
Ich liebe und schütze dich."   *(alle wiederholen)*

Liedruf: Das wünsch ich sehr (Nr. 2)

4. ZEICHEN: DAS LICHT

Bei der Taufe wurde uns noch ein Zeichen übergeben. Den Eltern wurde die Taufkerze gegeben, die an der Jesuskerze entzündet wurde.

Kinder halten ihre Taufkerzen. Sie werden durch einen Docht angezündet, der an der Jesuskerze entzündet wurde.

Wir tragen unsere Taufkerze in den Händen. Das Licht spricht zu uns:

KIND:
Ich leuchte dir. Ich mache hell. Ich wärme dich. Ich zeige dir den Weg, wenn es dunkel ist. Ich vertreibe deine Angst.

Jesus, du sagst zu uns:
„Ich bin dein Licht.   *(alle wiederholen)*
Ich zeige dir den Weg.   *(alle wiederholen)*
Ich mache dein Leben hell."   *(alle wiederholen)*

Kinder stellen Kerzen in einem großen Kreis ab.

Hinführung zur Taufe: Franz Kett (wörtliche Wiedergabe und Bearbeitung), aus: Religionspädagogische Praxis, Handreichung für elementare Religionspädagogik, Jhg. 1988, Nr. I, S. 32 und 57f, „Ich bin getauft", alle Rechte bei RPA Verlag, Landshut

Lied: Zündet an das helle Licht (Nr. 27)

Schlussgebet
Gott, wir danken dir, denn du bist gut.
Wir freuen uns, denn du kennst uns alle beim Namen.
Deine Liebe trägt uns,
bei dir sind wir geborgen,
heute und an jedem neuen Tag. Amen.

Segen und Verabschiedung

Schlusslied: Herr, geh mit uns (Tr 342)

Wir begleiten Jesus auf seinem Weg

Anlass/Themenkreis	Wir lernen das Leben Jesu kennen
Ziel	Die Kinder sollen erfahren, wie Jesus gelebt und gewirkt hat
Vorbereitungen Materialien	Bibel Tor aus Papier oder Tüchern Meditationsmusik Tücher für Häuser, schwarze Tücher Jesusfigur Jesuskerze Kleidung für Spiel (Jesus, mehrere Jünger) Kerzen für Häuser Tülltücher Orffinstrumente: Glockenspiel, Trommel, Xylophon, Triangel, Becken
Gottesdienstübersicht	Handlungsort wird eingeführt Kinder lernen verschiedene Stationen aus dem Leben Jesu und sein Handeln kennen Vertiefung Gebet

Gottesdienstverlauf

Lied: Viele, viele Leute sind heut gekommen (Nr. 25)

▼

Begrüßung und Hinführung

- Advents- und Weihnachtszeit sind vorüber.
- An Weihnachten haben wir die Geburt Jesu gefeiert. Als kleines Kind wurde er in einem Stall geboren.
- Hirten und Könige sind zu ihm gekommen und haben ihn besucht, ihn angebetet.
- Jesus ist dann mit seiner Mutter und seinem Pflegevater nach Nazaret gegangen. Dort ist er aufgewachsen und immer größer geworden ...
- Schließlich war er ein erwachsener Mann, so wie euer Papa. In diesem Gottesdienst heute wollen wir mehr vom Leben Jesu erfahren. Wir wollen erleben, was er Gutes getan hat ...

▼

Kreuzzeichen

So beginnen wir diesen Gottesdienst in seinem Namen und beten gemeinsam:
Im Namen des Vaters ...

▼

Katechese

Wir legen ein Tor in die Mitte.
Wir sehen ein Tor. Es ist offen. Wenn es offen ist, können wir hindurchgehen.
Wir stellen mit unseren Händen ein offenes Tor dar. ♫ *Becken*
Wenn es verschlossen ist, dann sehen wir nicht, was hinter dem Tor ist. Dann müssen wir davor stehen bleiben.
Wir stellen mit unseren Händen ein verschlossenes Tor dar.
♫ *Trommel*

Könnt ihr euch vorstellen, was hinter diesem Tor sein könnte, was wir sehen, wenn wir hindurchtreten?
Kinder schließen die Augen und träumen ... ♫ *Glockenspiel*
Hinter unserem Tor ist eine Stadt mit vielen Häusern zu sehen. Große und kleine Häuser gibt es da. Häuser mit offenen und mit verschlossenen Türen.

Häuser werden von Kindern gelegt – dazu Meditationsmusik
Die Menschen, die in den Häusern wohnen, haben alle ein verschlossenes Herz, weil sie traurig oder alleine, krank oder behindert sind, weil sie alt sind oder Angst haben.
In ihren Häusern und Herzen ist es dunkel.
Schwarze Tücher werden in den Innenkreis der Häuser gelegt.
♫ *Trommelschläge*

Frohe Botschaft ▼

Hinführung

Heute hören wir wieder eine Geschichte von Jesus. Er sieht viele Menschen, die traurig sind. Ihr Herz scheint wie ein verschlossenes Tor zu sein. Jesus ist ein Mensch mit einem ganz großen, weiten Herzen. Er will diesen Menschen helfen, er will Licht für sie sein.
Ein Kind trägt die Jesusfigur, ein anderes trägt die Jesuskerze im Kreis herum, dazu singen wir:

Lied: Eines Tages kam ein junger Mann (Nr. 7)

Figur und Kerze werden in der Mitte des Kreises abgestellt.

Lied: In den Gedanken und Worten mein (Nr. 14)

Evangelium

(Die Geschichte wird teilweise geprobt. Die Jünger von Jesus kommen spontan dazu.)

Jesus ist kein Kind mehr. Er ist ein Mann geworden, ein Mann mit einem großen, weiten und offenen Herzen, ein Mann, der durch das Land geht und den Menschen von Gott erzählt. ♫ *Xylophon* Jesus will nicht alleine durch das Land ziehen. Er sucht Freunde, die mit ihm gehen, die mit ihm zusammen den Menschen von Gott erzählen. So geht Jesus am See entlang. Im Wasser stehen zwei Fischer. Es sind zwei Brüder, Simon und Andreas. Sie werfen gerade ihre Netze aus. Jesus ruft ihnen zu: Kommt mit mir, folgt mir nach! Ihr sollt Menschen zu Gott rufen. Ich brauche euch!
♫ *Triangel*
Simon und Andreas kommen ans Ufer und folgen Jesus. Sie gehen zusammen am Ufer entlang. ♫ *Xylophon*

Da ist ein Boot mit anderen Fischern. Es sind zwei Brüder mit ihrem Vater. Die Brüder heißen Jakobus und Johannes. Jesus ruft den beiden zu:

Kommt mit mir, folgt mir nach! Ihr sollt den Menschen von Gott erzählen. ♪ *Triangel*

So nehmen die beiden Abschied von ihrem Vater und folgen Jesus nach. ♪ *Xylophon*

Zusammen mit seinen neuen Freunden, mit seinen Jüngern, geht Jesus in die Städte und Dörfer, er sucht die Menschen, er will bei ihnen sein. ♪ *Xylophon*

Er wandert mit seinen Jüngern durch die Stadttore, er geht in die Häuser, durch kleine und große Türen. In den Häusern sind Menschen, in denen es dunkel ist. ♪ *Trommel*

In einem Haus ist ein Mann. Er ruft: Hilf mir, Jesus. In mir ist es dunkel. Ich kann nichts sehen. Ich will wieder sehen können!
♪ *Trommel*

Jesus sagt: Du vertraust mir. Darum wirst du sehen. Er berührt den Blinden, und die Augen gehen ihm auf. ♪ *Becken*

Jesus hat das Herz und das Haus des Menschen hell gemacht.
♪ *Triangel. – Licht ins Haus stellen.*

Lied: Effata, effata, Str. Augen (Nr. 5)

Im nächsten Haus sieht Jesus eine alte Frau, die ganz alleine ist. Diese Frau sieht Jesus kommen und ruft ihn: Jesus, komm zu mir, ich bin so alleine, niemand redet mit mir. ♪ *Trommel*

Jesus geht zu ihr und schaut sie an. Er spricht mit ihr: Du bist nicht alleine. Gott ist immer bei dir. Er lässt dich nie im Stich.

Die Frau atmet auf. Sie spürt, dass sie nicht mehr allein ist. Es tut ihr gut, wenn jemand mit ihr redet. Es tut ihr gut, wenn Jesus ihr von Gott erzählt. ♪ *Becken*

Jesus macht das Herz und das Haus der Frau hell. Er bringt Licht in ihre Dunkelheit. ♪ *Triangel. – Licht ins Haus stellen.*

Lied: Effata, effata, Str. Herz (Nr. 5)

Im nächsten Haus sieht Jesus eine Frau, die Angst hat, weil sie etwas falsch gemacht hat und alle Leute auf sie schauen: Jesus hilf, mir, ich habe Unrecht getan. Jetzt schauen mich alle an und zeigen

mit dem Finger auf mich. Manche beschimpfen mich sogar.
♪ *Trommel*
Jesus geht auf die Frau zu, berührt sie und sagt zu ihr: Das Unrecht, das du getan hast, ist dir vergeben. Steh auf und hab keine Angst mehr! Die Frau fühlt sich richtig befreit. Sie kann wieder lachen und froh sein. ♪ *Becken*
Jesus hat auch zu dieser Frau ein Licht gebracht. Er hat ihr Leben hell und froh gemacht. ♪ *Triangel. – Licht ins Haus stellen.*

Lied: Effata, effata, Str. ... ich öffne mich dir ganz (Nr. 5)

Jesus wandert mit seinen Jüngern weiter und kommt wieder zu einem Haus. Hier wohnt ein kranker Mann: Jesus, mir geht es gar nicht gut. Schon lange bin ich krank. Ich habe keine Hoffnung mehr. ♪ *Trommel*
Jesus schaut den kranken Mann an, er lacht ihn an und sagt: Steh auf, ich gebe dir wieder neue Kraft zum Leben. Deine Krankheit soll von dir genommen werden. Der Mann steht auf und fühlt sich wieder voller Lebenskraft. Er fühlt sich wieder ganz gesund. ♪ *Becken*
Jesus hat auch zu diesem Mann ein Licht gebracht. Er hat das Leben des Mannes wieder hell gemacht. ♪ *Triangel. – Licht ins Haus stellen.*

Lied: Effata, effata, Str. ... ich öffne mich dir ganz (Nr. 5)

Jesus kommt auch zu einem Haus, in dem ein gelähmter Mann sitzt. Er kann nicht mehr gehen: Jesus, hilf mir. Ich kann nicht mehr gehen. Jeden Tag sitze ich hier und bin auf Hilfe angewiesen. Ich möchte so gerne wieder gehen können, möchte etwas von der Welt sehen, möchte rennen und hüpfen können. Ich fühle mich so angewurzelt. ♪ *Trommel*
Jesus geht zu diesem Mann. Er berührt ihn und sagt: Steh auf, nimm deine Decke und geh!
Der Mann schaut verwundert, dann steht er wirklich auf, nimmt seine Decke und kann wieder laufen. Er kann es gar nicht richtig begreifen. Er ist überglücklich. ♪ *Becken*
Jesus hat auch diesem Menschen ein Licht gebracht. ♪ *Triangel. – Licht ins Haus stellen.*

Lied: Effata, effata, … ich kann jetzt wieder laufen (Nr. 5)

So geht Jesus auch in die anderen Häuser und heilt die Menschen.
Er bringt Licht in ihre Dunkelheit. Er bringt Licht in ihr Leben.
♫ *Triangel, Kerzen in andere Häuser stellen.*
Jesus geht auch zu den Kindern. Er sagt: Lasset die Kinder zu mir
kommen! Und dann legt er ihnen die Hände auf und segnet sie mit
den Worten: Gott hat dich lieb. ♫ *Becken*
Kindern werden die Hände aufgelegt.

▼

Auslegung

Hinweis auf Jesus, der vielen Menschen geholfen hat, der viele
Menschen geheilt hat, der den Menschen von Gott erzählt hat, der
Wunder getan hat, der Licht und Wärme zu den Menschen
gebracht hat, der die Kinder sehr gerne hat.
Da, wo Jesus war, ging es den Menschen ganz gut. Da lebten sie
auf, da wurde ihr dunkles Leben wieder hell und bunt und schön.
Voller Freude fingen sie an, Gott zu loben:

Tanz: *Kinder tanzen mit Tülltüchern zum Lied:*

Lied: Hallelu (Tr 177)
Die Tücher werden auf die schwarzen Tücher gelegt.

▼

Fürbitten

Guter Gott. Jesus bringt Licht zu vielen Menschen. Er macht sie
froh und schenkt ihnen neues Leben. Lass auch uns immer wieder
erfahren und spüren, dass du bei uns bist und unser Leben bunt
und schön machst.

Nach jeder Fürbitte singen wir den
Ruf: Geh mit uns, nur Refrain (Tr 724)

– Guter Gott, lass mich erkennen, dass du da bist, wenn ich traurig bin.
– Guter Gott, lass mich erkennen, dass du da bist, wenn ich alleine bin.
– Guter Gott, lass mich erkennen, dass du da bist, wenn ich krank
bin.
– Guter Gott, lass mich erkennen, dass du da bist, wenn ich Angst
habe.

– Guter Gott, lass mich erkennen, dass du da bist, wenn ich mutlos bin.

Vaterunser ▼

Vater unser im Himmel ...

Friedensgruß ▼

Lied: Offen kommen wir zu dir (Nr. 22)

Schlussteil ▼

Schlussgebet
Guter Gott,
Jesus hat etwas Wunderbares getan.
Mit deiner Macht hat er gesagt: Effata, öffne dich!
Jesus hat die Menschen froh gemacht.
Jesus hat Menschen neues Leben geschenkt.
Jesus war immer für die Menschen da.
Jesus ist auch bei uns und macht uns froh.
Dafür danken wir dir, guter Gott. Amen.

Schlusslied: Herr, geh mit uns (Tr 342)

Wir dürfen uns immer freuen,
nicht nur an Fasching

Anlass

Fasching, Karneval

Ziel

Die Kinder sollen erfahren, dass wir als Christen viele Gründe zur echten Freude haben

Vorbereitungen
Materialien

Alle Kinder kommen verkleidet zum Gottesdienst
Orden mit lachendem Gesicht und Aufschrift „Hab Freude im Herzen"
In der Mitte liegen bunte Tücher mit Luftschlangen im Kreis angeordnet. Die Mitte ist noch frei.
Rollen vergeben: Clown, Spielkinder
Laterne für Clown
Fußball, Schulheft, Gesellschaftsspiel, Taschentuch, Puppe, Brot
Jesuskerze, Bibel

Gottesdienstübersicht

Faschingsfreude spüren

Kinder – Rollen – Wünsche

Auftritt: Clown sucht echte Freude

Kinder sagen, was für sie echte Freude ist, und erzählen von Jesus

Clown bedankt sich bei den Kindern

Gebet

Orden verteilen

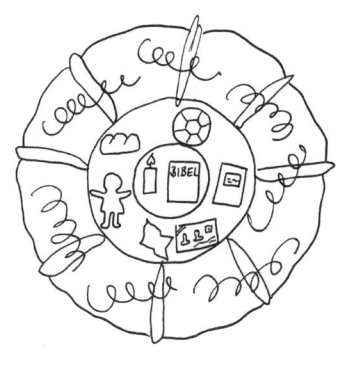

69

Gottesdienstverlauf

Lied: Laudato si (Tr 141)

Begrüßung und Hinführung

Hinweis auf das Fest Fasching
Hinweis auf Verkleidung an diesen Tagen
Hinweis auf Verkleidung der Kinder im Gottesdienst
Es macht Freude, in eine andere Rolle zu schlüpfen, zu singen, zu tanzen, ausgelassen zu sein ...
An Fasching sehen wir lauter frohe Menschen, die lachen ...
Auch heute im Gottesdienst wollen wir etwas von dieser Freude, aber auch von der echten Freude spüren ...

Kreuzzeichen

So beginnen wir diesen Gottesdienst im Namen dessen, der uns ganz viel Freude schenkt, und beten gemeinsam:
Im Namen des Vaters ...

Weil Gott uns immer wieder Freude schenkt, weil er unser Leben froh und hell macht, wollen wir ihn mit einem frohen Lied loben und preisen:

Lied: Hallelu (Tr 177)

Katechese

Ihr Kinder habt euch heute mit bestimmten Masken verkleidet. Sicherlich habt ihr euch eure Kostüme ausgesucht, weil ihr an der Verkleidung Freude habt, weil ihr in eine ganz bestimmte Rolle schlüpfen wollt.
Fragen wir doch einmal ein paar Kinder, warum sie sich heute freuen (Beispiele nennen):

KIND ALS TANZMARIE:
An Fasching verkleide ich mich gerne als Tanzmariechen, weil ich selbst gerne ganz gut tanzen möchte.

KIND ALS POLIZIST:
Ich verkleide mich gerne als Polizist, weil ich diesen Beruf später

einmal lernen möchte und weil ich für Ordnung und Recht sorgen will.

KIND ALS INDIANERIN:
An Fasching verkleide ich mich gerne als Indianerin, weil ich die Tiere und Pflanzen mag und weil ich das Leben der Indianer so spannend finde.

KIND ALS BUNDESWEHRSOLDAT:
Ich verkleide mich gerne als Bundeswehrsoldat, weil ich später auch einmal zur Bundeswehr gehen will und mich die Soldaten immer faszinieren.

KIND ALS MICKYMAUS:
An Fasching verkleide ich mich gerne als Mickymaus, weil mir das gut gefällt.

KIND ALS COWBOY:
An Fasching verkleide ich mich gern als Cowboy, weil ich Pferde liebe und auch einmal frei und unabhängig sein will.

Ja, ihr Kinder habt uns erzählt, warum ihr euch heute an Fasching so verkleidet habt. Über eure Kostüme freut ihr euch. Es macht Spaß, einmal ein anderer zu sein.

Ein Clown kommt mit einer Laterne in den Kirchenraum und blickt sich suchend um.

Gespräch mit einem Clown

SPR: Hallo, Clown, was suchst du denn hier in unserer Kirche?
CL: *(Keine Antwort)*
SPR: Hallo, Clown, ich meine dich. Hast du hier etwas verloren oder magst du mit uns Gottesdienst feiern?
CL: *(Nach einigem Zögern bedächtig)* Ach so, meinst du etwa mich?
SPR: Endlich. Das hat ja lange gedauert, bis du etwas gemerkt hast. Was suchst du eigentlich hier? Setz dich doch zu uns und feiere mit uns. Warum läufst du hier herum?
CL: Ich komme gerade von einer Faschingsfeier. Da waren viele Menschen verkleidet, so wie hier. Und da wurde gesungen,

so wie hier. Als ich da draußen vorbeigelaufen bin, habe ich Musik gehört, und dann habe ich durch die Fenster geschaut und habe so viele verkleidete Kinder gesehen. Da hab ich gedacht, hier bin ich richtig. Hier wird ein Faschingsfest gefeiert. Da kann ich gleich weiterfeiern.

SPR: Lieber Clown, wir feiern hier eigentlich kein Faschingsfest. Wir feiern Gottesdienst. All diese Kinder und Eltern sind hierhergekommen, um Gottesdienst zu feiern. Aber weil heute auch Fasching ist, durften sich alle Kinder verkleiden. Das macht den Kindern und auch uns Erwachsenen viel Spaß, einmal in eine andere Rolle zu schlüpfen und zu singen, zu tanzen, zu lachen ...

CL: Gottesdienst feiert ihr hier? Und ich dachte, hier wird ein Faschingsfest gefeiert.
Eigentlich suche ich ja etwas.

SPR: Du suchst etwas? Ach, deshalb hast du auch diese Laterne dabei. Aber was suchst du denn hier bei uns?

CL: Irgendwo muss ich ja endlich einmal finden, was ich suche. Gestern Abend auf dem Faschingsfest habe ich auch gesucht!

SPR: Etwa auch das, was du hier suchst?

CL: Ja genau.

SPR: Also jetzt bin ich aber neugierig. Was du bei der Faschingsfeier gesucht hast, das suchst du auch hier bei uns?

CL: Bei der Feier gestern war viel los. Da waren alle Menschen verkleidet, so wie ihr. Da wurde getanzt, gesungen, gelacht. Aber im Saal war nicht das, was ich mir gewünscht habe. Und das suche ich jetzt hier. Wisst ihr, die Leute im Saal waren fröhlich, weil Fasching ist. Ich suche aber eine andere Freude. Ich suche die echte Freude, die auch noch nach Fasching da ist, wenn alle Kostüme wieder im Schrank hängen. Diese Freude habe ich gestern nicht gefunden. Ich suche eine Freude, die man immer hat, die mir gut tut. Ich hab gedacht, ihr könnt mir helfen, diese Freude zu finden. Vielleicht könnt ihr mir sagen, wo ich wirklich frohe Menschen finde, Menschen mit einem frohen Gesicht, mit einem frohen Herzen, auch wenn kein Fasching ist.

SPR: Ja, lieber Clown, langsam verstehe ich dich. Ich verstehe, was du suchst. Setz dich doch zu uns hier in den Gottesdienst. Vielleicht können dir die Kinder ja helfen. Vielleicht können sie dir sagen, wo du die echte Freude finden kannst.

CL: Danke, ich setz mich gerne zu euch. Ich bin ja auch schon lange unterwegs. Da tut mir das Sitzen mal ganz gut.

SPR: Der Clown hat Recht. Wir sollten einmal nachdenken, wo es die echte Freude im Leben gibt. Worüber können wir uns im Leben freuen? Was macht uns Freude?

▼

Kinder kommen mit verschiedenen Symbolen nach vorne und erzählen von der echten Freude im Leben. Anschließend werden die Symbole in die Mitte gelegt. Die Bibel und die Kerze werden zum Schluss ins Zentrum gelegt. Nach jeder Freude singen wir vom

Lied
„Ich habe Freude", die beiden ersten Zeilen (Tr 1091)

1. KIND MIT FUSSBALL:
Ich hatte lange keinen Freund. Immer musste ich alleine spielen. Doch dann habe ich einen Freund gefunden, der mit mir spielt, der zu mir hält. Darüber freue ich mich jeden Tag.

2. KIND MIT SCHULHEFT:
Ich freue mich immer, wenn ich in der Schule eine gute Note schreibe oder wenn ich für etwas gelobt werde, das ich gut gemacht habe.

3. KIND MIT GESELLSCHAFTSSPIEL:
Ich freue mich immer, wenn meine Eltern Zeit für mich haben und mit mir und meinen Geschwistern zusammen spielen.

4. KIND MIT TASCHENTUCH:
Ich freue mich, wenn ich getröstet werde, wenn ich ganz traurig bin. Es ist schön, wenn mich dann jemand in den Arm nimmt; da geht es mir schon viel besser.

5. KIND MIT PUPPE:
Ich freue mich, weil ich gesund bin, weil ich laufen und rennen, sehen und hören, riechen und schmecken kann.

6. KIND MIT BROT:

Und ich freue mich, weil ich jeden Tag genug zu essen habe. Ich muss nie hungern.

7. KIND MIT BIBEL:

Ich freue mich, dass ich hier zum Gottesdienst kommen kann, wo viele Menschen zusammen sind und frohe Lieder singen, zusammen beten und tanzen und von einem Menschen hören, der ganz viel Freude bereitet. Ich freue mich, wenn ich von Jesus höre, wenn ich Geschichten von ihm erlebe. Alle Geschichten von ihm stehen hier in der Bibel. In jedem Gottesdienst hören wir von seiner frohen Botschaft. Das macht mir große Freude. Wenn ich nach Hause gehe, geht es mir dann immer ganz gut. Jesus hat vielen Menschen eine große Freude gemacht. Er war ein Mensch mit einem großen, weiten Herzen, mit einem Herzen voller Freude und Leben. Von ihm kenne ich auch ein Lied:

Lied: Eines Tages kam ein junger Mann, statt „Liebe" „Freude" singen (Nr. 7)
Kinder tragen Bibel und Kerze im Kreis herum und bleiben dann neben dem/der GottesdienstleiterIn stehen, bis der Bibeltext gelesen wurde.

Frohe Botschaft

Wollen wir doch einmal in der Bibel nachlesen, was uns Jesus heute sagen möchte:

Evangelium

„Freut euch zu jederzeit. Ich bin euch ganz nahe. Sorgt euch um nichts. Gott ist immer bei euch."

Lied: Eines Tages kam ein junger Mann (Nr. 7)
Bibel und Kerze tragen und dann ins Zentrum stellen.

Dank

Clown steht auf und bedankt sich bei den Kindern.
Kinder, ich danke euch. Endlich habe ich gefunden, wonach ich suche. Ihr habt mir gezeigt, wo ich die echte Freude finden kann. Ihr habt mir gezeigt, wie ich auch nach Fasching ein froher Mensch sein kann, wenn ich meine Clown-Kleider wieder ausziehe. Gott sei Dank, bin ich zu euch gekommen. Von Jesus habe ich auch

noch nie etwas gehört. Ich glaube, ich komme jetzt öfter in den Gottesdienst, natürlich nicht mehr als Clown, weil ja Fasching bald vorbei ist. Dann erlebe ich auch Geschichten von Jesus. Ich will noch mehr von ihm erfahren. Ich bin richtig neugierig auf ihn geworden. Das muss ja ein ganz toller Mensch gewesen sein. Ich freue mich schon auf den nächsten Gottesdienst. Darf ich da wieder zu euch kommen?

Kinder, jetzt möchte ich noch mit euch tanzen, weil ich mich so freue, dass ich hier bei euch sein darf.

Lied oder Tanz

▼

Vaterunser

Vater unser im Himmel ...

▼

Friedensgruß

Lied: Offen kommen wir zu dir, Str. „Freude" (Nr. 22)

▼

Schlussteil

Schlussgebet

Guter Vater, wir sind in dieser Stunde sehr froh.
Wir freuen uns, weil Fasching ist.
Wenn du mit uns gehst, finden wir auch die echte Freude.
Diese dürfen wir nicht nur an Fasching haben, sondern an allen Tagen unseres Lebens.
So gehe mit uns, guter Gott, wir bitten dich!

CLOWN:
Schenkt den Kindern einen Orden
Und dass ihr immer froh seid und auch lacht,
hab ich euch etwas mitgebracht.
Den Orden hier will ich euch schenken,
dann könnt ihr immer daran denken,
ein fröhliches Gesicht zu machen,
wenn ihr mal traurig seid und nicht könnt lachen.
Dann soll es euch gleich besser gehn.
Jetzt sag ich euch auf Wiedersehn!

Segen

Schlusslied: Ich habe Freude (Tr 1091)

Sich öffnen, um zu leben

Anlass/Themenkreis   Aschermittwoch

Ziel   Kinder sollen erfahren, dass sie in der Fastenzeit anders leben können; Zeichen dafür ist das Aschenkreuz

Vorbereitungen
Materialien   Jedes Kind bringt von zu Hause einen Stein und eine Blume mit. Diese Dinge werden unter den Stuhl gelegt. Vor der Feier wird schon in der Mitte des Kreises ein Berg gestaltet. In dessen Zentrum ist ein blaues Tuch versteckt

Bibel
Braunes Tuch für Berg
Blaue, ockerfarbene, grüne Tücher
Steine
Schüssel mit Wasser
Blaue Bänder
Jesuskerze
Luftschlangen
Meditationsmusik
Orffinstrumente: Trommel, Becken, Xylophon, Glockenspiel

Gottesdienstübersicht   Hinführung zum Aschermittwoch

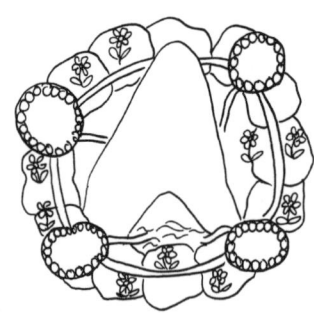

Geschichte: Land der Brunnen

Auslegung und Überleitung zum Aschenkreuz

Gebet

Gottesdienstverlauf

Begrüßung und Hinführung

▼

Aschermittwoch – Einstieg in Fastenzeit – Vorbereitungszeit auf Ostern

Wir haben uns heute am Aschermittwoch hier versammelt, um gemeinsam etwas zu erleben und zu erfahren. Wir sind jetzt da, jeder Einzelne von uns ist da, als Gruppe sind wir da. Im Lied wollen wir jetzt singen:

Lied: Viele, viele Leute sind heut gekommen (Nr. 25)

Wir haben uns in einem Kreis versammelt, wir sind um eine Mitte da. In unserer Mitte sehen wir einen großen Berg ...

Lied: Viele, viele Leute sind heut gekommen (Nr. 25)

Kreuzzeichen

▼

Heute wollen wir ganz bewusst mit dem Kreuzzeichen anfangen und diesen Gottesdienst und die kommenden Tage damit beginnen, dass wir gemeinsam beten:
Im Namen des Vaters ...

Geschichte

▼

Das Land der Brunnen

Unsere Geschichte führt uns in ein Land, ein großes Land. In seiner Mitte ragt ein Berg auf, hoch und gewaltig. Sein Gipfel ist meist von Wolken umhüllt. Er reicht in den Himmel hinein. Uralt ist der Berg, Wind und Wetter können ihm nichts anhaben.
Wir fassen uns an den Händen, bilden zusammen einen Berg.
♪ *Trommel*

Die Menschen sagen: Schon immer steht er da. Bevor wir kamen, war er schon. König der Berge nennen sie ihn. Menschen, die auf ihn steigen, können den Himmel schauen. Innen, in seiner Tiefe, birgt er ein Geheimnis. ♪ *Becken*

Vom Berg sieht man in das Land. Weit breitet es sich aus, nach Norden und Süden, nach Osten und Westen. Was mag das für ein Land sein? Was erzählt uns seine Farbe?

Ockerfarbene Tücher werden rund um den Berg ausgelegt.
♪ *Trommel*
Kinder werden gefragt, was für ein Land um den Berg herum ist:
Wüste, Sand, Öde, Steppe
Wüste breitet sich aus, öde Steppe. Kein Gras, keine Blume, kein Baum sind zu sehen und dies, obwohl das Land viele Brunnen besitzt, große und kleine, kostbar verzierte und einfache, aus Felsgestein erbaute, aus Ziegelsteinen gemauerte.
Einige Kinder bauen aus verschiedenen Steinen Brunnen um den Berg herum.

Ein Brunnen ist schon sehr alt. Ja, er ist der älteste Brunnen im ganzen Land.
Brunnen wird aus Steinen gebaut.

Warum ist das Land ausgetrocknet, wüst und leer, trotz der vielen Brunnen im Land?
Was ist nur mit den Brunnen los? Warum geben sie kein Wasser?
Sie sind verstopft. Sie sind gefüllt bis an den Rand mit Abfall, Sand, mit Staub und Geröll, mit Steinen, großen und kleinen.
GottesdienstleiterIn legt in den alten Brunnen Steine hinein.
♪ *Trommel*
Kinder legen danach in die anderen Brunnen ihre mitgebrachten Steine. ♪ *Trommel*

Einer der Brunnen, der älteste von allen, beginnt eines Tages nachzudenken. Wozu bin ich da, wenn ich kein Wasser spende? Ich will herausfinden, ob in mir noch eine Quelle fließt. Ich will auf meinen Grund kommen.
Er beginnt zu graben, tief und tiefer. Es kostet viel Mühe, auszuräumen, den Abfall, Schutt, den Sand, die Steine aus sich herauszuwerfen. Manche sind kantig, groß und schwer. Es ist eine harte Arbeit, den Brunnen zu reinigen.
Steine werden aus dem Brunnen geholt.
Kinder spielen pantomimisch mit. ♪ *Xylophon*

Doch dann ist es geschafft. Der Brunnen ist gereinigt. Ganz in der Tiefe wird eine Quelle gefunden, klares, frisches Wasser.
Schüssel mit Wasser wird in den Brunnen gestellt.

Horch, wie es quillt und sprudelt, wie es singt. Schau, wie es steigt, immer höher und höher.
Kinder schließen Augen und hören, wie Wasser plätschert.
Der ganze Brunnen füllt sich bis an den Rand. Bald wird er überfließen, sich auf das trockene Land ergießen.
Der Brunnen ist ein richtiger Springbrunnen geworden. Wasser sprudelt aus ihm hervor, frisches, klares Wasser; Wasser, das den Durst löscht; Wasser, das erfrischt, ganz lebendig macht.
Kinder dürfen Wasser schöpfen.

Das Wasser des Brunnens tränkt das trockene, dürstende Land. Das Land ergrünt und erblüht.
Kinder legen um den alten Brunnen herum grüne Tücher.
♪ *Glockenspiel*

Die anderen Brunnen im Land wundern sich: „Seht nur", sagen sie, „der alte Brunnen gibt Wasser. Wie ist das möglich?" Sie hatten gelacht, als der alte Brunnen sich mühte, den Schutt herauszuholen. „Er scheint verrückt zu sein", hatten sie gesagt. Doch dann beginnen viele von ihnen selbst auszugraben, was sie verstopft hält. Sie gehen in die Tiefe.
Jedes Kind räumt einen Stein aus den Brunnen heraus und nimmt ihn mit auf seinen Platz oder legt ihn um den Brunnen ab.
♪ *Xylophon*

Sie suchen und finden ihre Quellen. Wasser fängt in ihnen zu quellen, zu sprudeln, zu fließen an.
Kinder legen blaue Tücher in die Brunnen hinein. ♪ *Glockenspiel*
Jetzt strömen sie über und das Land kann ergrünen. Alles wird neu.
Kinder legen um alle Brunnen grüne Tücher. ♪ *Glockenspiel*
Alle Brunnen finden Wasser. Sie finden heraus, das Wasser, das uns füllt, wird aus einem Strom gespeist. Er fließt in der Tiefe. Wir sind alle mit ihm verbunden.
Die einzelnen Brunnen werden miteinander mit blauen Bändern verbunden.

Wo aber ist der Anfang des Stromes? Wo ist sein Ursprung?
In der Mitte des Landes ragt der hohe Berg in den Himmel. König der Berge wird er genannt. Er birgt ein Geheimnis.

Kinder dürfen den Berg einen Spalt weit öffnen, in ihn hinein-
schauen.
Im Berg liegt ein blaues Tuch als Quelle versteckt. ♪ *Becken*
In ihm sprudelt eine Quelle ganz rein und klar. Aus ihm fließt
Wasser, das alle Brunnen speisen kann.
Brunnen und Berg werden mit blauen Bändern verbunden.

Wer das Wasser einlässt, aufnimmt, wer sich füllen lässt, wird ein
lebendiger Brunnen. Er spendet Wasser, und rings um ihn lebt alles
auf, beginnt es zu grünen und zu blühen.
Kinder stellen ihre Blumen auf die grünen Tücher.

Das Land der Brunnen, Geschichte und Gestaltung: Franz Kett, Religionspädago-
gische Praxis, Handreichung für elementare Religionspädagogik, Jhg. 1992, Nr. I,
S. 37ff, „Geschichten, die vom Leben erzählen", alle Rechte bei RPA Verlag,
Landshut

Lied: Grün, grün, grün, alles wird jetzt grün (Nr. 9)

Frohe Botschaft   ▼

Lied: In den Gedanken und Worten mein (Nr. 14)
Bibel und Jesuskerze von einem Kind halten lassen.

Evangelium
Den Kindern wird frei erzählt, dass in der Bibel viele Geschichten
stehen, in denen Jesus die Menschen öffnet. Er öffnet einem Blinden die Augen, dass er wieder sehen kann. Einem Taubstummen
öffnet er den Mund, dass er wieder reden kann, und die Ohren,
dass er wieder hören kann. Jesus öffnet auch vielen Menschen das
Herz. Traurige tröstet er, Mutlosen macht er Mut, Menschen, die
nicht an Gott glauben, öffnet er das Herz für Gott ...
Jesus hat uns vorgelebt, wie wir offen füreinander sein können. In
der Fastenzeit wollen wir unser Herz, unsere Hände, unsere Augen
und Ohren füreinander öffnen. Wir wollen gut miteinander umgehen, lieb zueinander sein, dann kann es bei uns auch Ostern werden ...
Jesuskerze und Bibel zum Berg stellen.

▼

Überleitung
- Brunnen haben Steine ausgeräumt, um wieder sprudeln zu können
- Wir müssen auch manches ausräumen, was nicht so gut ist, um wieder neue Menschen zu werden, um uns innerlich auf das Osterfest vorzubereiten
- Kinder benennen, was nicht so gut ist
- Wir müssen uns aufmachen, unsere Ohren, unsere Augen, unsere Herzen
- Wir müssen uns verwandeln
- Wir bringen Luftschlangen in die Mitte, entzünden sie, verwandeln sie zu Asche
- Asche wird im Kreis herumgezeigt
- Ein Zeichen, dass wir umkehren sollen, dass wir uns reinigen sollen, dass wir uns öffnen sollen, ist das Aschenkreuz, das wir jetzt auf unsere Stirn bekommen

Auflegen des Aschenkreuzes
Dazu Meditationsmusik

▼

Schlusslied: Effata, effata (Nr. 5)

Jona kehrt um

Anlass	Fastenzeit oder Thema „Umkehr"
Ziel	Die Kinder sollen erkennen, dass Gott uns in schwierigen Situationen auf den richtigen Weg zurückführt
Vorbereitungen Materialien	Karten mit Pfeilen in entgegengesetzter Richtung Bibel Reifen Blaue, grüne, beige, braune Tücher Bausteine für Häuser Tücher für Sturm Tuch für Schiff und schwarzes Tuch für Wal Figur: Jona Orffinstrumente: Glockenspiel, Trommel, Becken, Xylophon, Triangel
Gottesdienstübersicht	Ninive und Meer wird aufgebaut Biblische Geschichte: Jona (Jona 1,1–12; 2,1–11; 3,1–5) Gebet

Gottesdienstverlauf

Lied: Es läuten alle Glocken (Tr 407)

▼

- Fastenzeit dauert 40 Tage – ist Vorbereitungszeit auf Osterfest
- Viele Menschen haben sich für die Fastenzeit etwas vorgenommen: nichts naschen, bewusster leben, mehr Zeit für Familie und sich selbst haben, nicht streiten usw.
- Wenn wir anders leben als sonst, bewusster leben, besser leben, dann nennen wir das umkehren: Ich kehre um, wenn ich zum Beispiel einen Weg gehe, der falsch ist, und dann auf den richtigen Weg umkehre.
- Heute erleben wir miteinander eine Geschichte, in der auch ein Mann umkehrt, nachdem er spürt, dass sein Weg nicht der richtige war.

▼

- *Reifen drehen, zur Mitte finden*
- *Blaues Tuch in Reifen legen, weitere blaue Tücher dazulegen*
- Fragen, was entstanden ist
- *Wir spielen Wasser mit unseren Händen. ♫ Glockenspiel*
- *Wir spielen Wasser mit dem ganzem Körper: Wasser sprudelt, fließt, strömt, leichte Wellen, hohe Wellen, Wasserfall, Ebbe, Flut ... ♫ Glockenspiel*
- *Wir legen mit grünen, beigen und braunen Tüchern eine Landschaft um die blauen Tücher*
- *Wir stellen auf eine Seite Häuser aus Bausteinen*
- Hinweis auf Stadt Ninive *(nachsprechen)*
- *Wir legen mit einem Tuch ein Schiff ins Wasser*

▼

Jona
Bibel von Kindern im Kreis tragen lassen.
Geschichte mit verteilten Rollen lesen.

Jona heißt der Mann in unserer Geschichte. Er ist ein frommer, gläubiger Mann.

Begrüßung und Hinführung

Kreuzzeichen

Katechese

Biblische Geschichte

Jona von Kind tragen lassen und in Mitte stellen.

Er hört eines Tages Gottes Stimme, die sagt: „Jona, mach dich auf in die große Stadt Ninive.

Die Menschen dort tun Böses.	♪ *Trommel*
Sie tun Dinge, die das Leben zerstören.	♪ *Trommel*
Sie hassen und beneiden sich.	♪ *Trommel*
Sie streiten und teilen nicht.	♪ *Trommel*
Sie lassen Kranke und Alte ohne Hilfe.	♪ *Trommel*
Sie lügen und sind treulos.	♪ *Trommel*

Geh nach Ninive und sage den Menschen dort: Kehrt um, lasst ab vom Bösen. Beeil dich, damit du nicht zu spät kommst mit meiner rettenden Botschaft."

„Ich will, dass es den Menschen gut geht.	♪ *Becken*
Ich will, dass sie gut leben.	♪ *Becken*
Ich bin der lebendige Gott."	♪ *Becken*

Jona erschrickt: „Ich soll nach Ninive gehen, das kann ich nicht! Soll doch ein anderer gehen."
Jona will vergessen, was er gehört hat. Er flieht.
Ein Kind rennt mit Jona im Kreis und stellt ihn dann ins Schiff.
Jona geht auf ein Schiff, das in Richtung Tharsis *(erklären!)* fährt, genau in die entgegengesetzte Richtung. Er versteckt sich unten im Schiff. Er hat Angst. *Jonafigur hinlegen.*
Aber Gott sieht ihn auch in der dunklen Kabine im Schiff. Da kommt ein großer Sturm auf. Haushohe Wellen heben das Schiff in die Höhe und schütteln es, bis es beinahe untergeht. *Kinder spielen mit Tüchern Sturm. – Dazu ♪ Trommel und Xylophon*
Jona aber liegt unten im Schiff und schläft seelenruhig weiter.

Der Kapitän kommt zu Jona und sagt: „Steh auf und hilf uns! Bete zu Gott, damit wir nicht ertrinken!" – *Jonafigur aufstellen.*
Jona geht an Deck und sieht den schweren Sturm. Da weiß er, dass ihn Gott gefunden hat. Jona sagt: „Es ist meine Schuld, weil ich vor Gott geflohen bin. Werft mich über Bord und der Sturm wird wieder aufhören."
Da werfen die Matrosen Jona ins Wasser, lassen ihn fallen. – *Jonafigur ins Wasser stellen; Kinder spielen das Fallenlassen nach.*
Wohin fällt Jona? Er fällt in die Tiefe. ♪ *Glockenspiel*

Im Fallen aber wird Jona aufgefangen, verschlungen, von einem großen Wal. – *Schwarzes Tuch über Jona decken.*
Da ist er nun im Bauch des Wales. Drinnen ist es ganz dunkel und unheimlich. ♫ *Trommel*
Doch Jona denkt: „Gott sieht mich und hört mich auch hier."
Da beginnt Jona zu beten: „Es tut mir Leid, dass ich so ungehorsam gewesen bin. Ich verspreche dir, ich werde von nun an immer gehorsam sein." ♫ *Triangel*
Und Gott hört Jona. Er lenkt den Wal an das Ufer des Meeres. Dort streckt der Wal seinen Kopf aus dem Wasser und spuckt Jona aus. – *Schwarzes Tuch wird entfernt. Jona wird auf Boden gestellt.*

Jona hat wieder festen Boden unter den Füßen. Er ist befreit. Jona ist nun auch bereit, zu tun, was Gott ihm gesagt hat. Er will seine Aufgabe erfüllen. Er macht sich auf den Weg nach Ninive. – *Jona wird im Kreis getragen und in der Stadt abgestellt.* ♫ *Xylophon*
Dort warnt er die Menschen, dass sie aufhören, Böses zu tun. Die Menschen von Ninive hören auf Jona und werden ruhig und still. Sie werden nachdenklich. Sie gehen in sich. Sie schauen in ihr Inneres. ♫ *Xylophon, Tonleiter abwärts. – Kinder spielen In-sich-Gehen.*
Sie denken nach, was sie Böses getan haben. Gott sieht, dass die Menschen ihre Sünden bereuen. Er ist ein menschenfreundlicher Gott. Er will, dass sie leben.
So atmen die Menschen auf. Sie leben auf, sie richten sich auf, sie heben die Arme, den Kopf nach oben, zum Himmel und loben Gott. ♫ *Xylophon, Tonleiter aufwärts. – Kinder spielen Aufleben nach.*
Sie sagen: „Gott sei Dank!" – *Kinder wiederholen.*

Jonageschichte (wörtliche Wiedergabe und Bearbeitung): Franz Kett, aus: Religionspädagogische Praxis, Handreichung für elementare Religionspädagogik, Jhg. 1980, Nr. I, S. 37ff, „In die Tiefe gehen, um zu wachsen", alle Rechte bei RPA Verlag, Landshut

Lied (mit Gesten): Gottes Wort ist wie Licht in der Nacht (Tr 706)

▼

Kinder halten Karten hoch, auf denen 2 Pfeile in entgegengesetzter Richtung sind.

Gott, unser guter Vater. Jona hat gespürt, dass er auf dem falschen Weg war, und er hat zu Gott gebetet, dass er ihn auf den richtigen Weg führt. Auch wir tun manchmal Dinge, die nicht gut sind. Uns geht es dann schlecht. Führe du uns dann auf den richtigen Weg. Darum bitten wir:

Nach jeder Fürbitte wird gesungen:
Liedruf: Herr, erbarme dich, nur Refr. (Tr 106)

1. KIND: Wenn wir miteinander streiten, fühlen wir uns nicht wohl. Führe uns auf den richtigen Weg, dass wir uns wieder vertragen.

2. KIND: Wenn wir etwas Verbotenes getan haben, fühlen wir uns schuldig. Führe uns auf den richtigen Weg, dass wir den Mut finden, unsere Fehler zuzugeben.

3. KIND: Wenn wir etwas nicht so gut können wie die anderen, fühlen wir uns nicht anerkannt. Führe uns auf den richtigen Weg, dass wir uns so annehmen können, wie wir sind.

4. KIND: Wenn wir uns vor unangenehmen Aufgaben drücken, fühlen wir uns unzufrieden. Führe uns auf den richtigen Weg, dass wir den Mut finden, die Aufgaben anzugehen.

Vaterunser ▼

Vater unser im Himmel ...

Friedensgruß ▼

Lied: Friedenslied

Schlussteil ▼

Schlussgebet
Gott, unser Vater.
Du bist ein Gott des Lebens.
Du willst, dass es uns gut geht.
Wir bitten dich:
Nimm alles Dunkle und Böse von uns weg.
Führe uns auf den richtigen Weg.
Lass das Gute in uns wachsen. Amen.

Segen und Verabschiedung

Schlusslied: Gottes Liebe ist so wunderbar (Nr. 8)

86

Jesus hat ein großes Herz

Anlass/Themenkreis	Fastenzeit, Thematischer Gottesdienst
Ziel	Die Kinder sollen erfahren, dass Jesus die Herzen der Menschen weit macht
Vorbereitungen Materialien	Bibel Rote Tücher für Herz Ikone in gelbe Tücher gehüllt, Tücher für Häuser 4 braune Tücher 2 Tore (Tonpapier oder Seil), Haus (aus Tonpapier), Baum, Brot in Körben Jesuskerze Kleidung für Spiel (Tor, Zachäus, Leute, Jesus, Baum, Haus) Meditationsmusik Kleiner Tisch mit zwei Stühlen
Gottesdienstübersicht	Übung: Ich bin da Herz legen Evangelium: Jesus begegnet Zachäus (Lk 19,1–10) Brot teilen Gebet

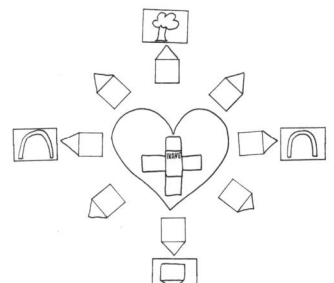

Gottesdienstverlauf

Lied: Gottes Liebe ist so wunderbar (Nr. 8)

Begrüßung und Hinführung

– Fastenzeit ist eine Zeit, in der wir Gutes tun sollen
– Fastenzeit ist eine Zeit, in der wir uns auf Ostern vorbereiten
– Im Gottesdienst heute wollen wir Ostern ein Stück weit näher kommen, wollen wir erfahren, wie wir Gutes tun können
– Dazu sind wir hierher gekommen. Wir alle sind da, so wie wir sind.

Übung (1)

Ich bin da
Ich bin da vom Kopf bis zu den Füßen.
Wir streichen vom Kopf bis zu den Füßen.
Ich bin da von den Füßen bis zum Kopf.
Wir streichen von unten nach oben.

Lied: Hallo, hallo, ich sehe dich (Nr. 12)

Ich bin da von der linken Hand zur rechten Hand
und von der rechten Hand zur linken Hand.
Wir streichen von einer Hand zur anderen und zurück.

Lied: Hallo, hallo, ich sehe dich (Nr. 12)

Wir stellen uns bewusst in Kreuzform hin. Unser Körper ist wie ein Kreuz.
Wir sind verbunden nach oben mit Gott und wir sind untereinander verbunden,
nach links und rechts mit unseren Mitmenschen.

Kreuzzeichen

So beginnen wir diesen Gottesdienst ganz bewusst mit dem Kreuzzeichen und beten gemeinsam:
Im Namen des Vaters ...

▼
Ich bin mit meinem Herzen da
In unserer Körpermitte schlägt unser Herz.
Wir legen einmal die Hand aufs Herz.
Wir spüren, wie es schlägt:

Lied: Ich spür es tief in mir (Nr. 13)

Unser Herz schlägt bei Tag und bei Nacht. Es treibt das Blut in den Kopf.
Es treibt das Blut in die Fußspitzen und es treibt das Blut in die Hände hinein.

Lied: Ich spür es tief in mir (Nr. 13)

In unserem Herzen, so sagt man, ist die Liebe und der Hass,
                                    die Freude und die Trauer,
                                    der Friede und der Streit.
Unser Herz kann groß und weit sein, es kann aber auch klein und eng sein.
Menschen mit einem großen Herzen haben viel Liebe darin.
Wir legen ein Herz aus roten Tüchern in unsere Mitte.

▼
Überleitung
Verhüllte Ikone wird in die Mitte gelegt und von einem Kind aufgedeckt.
Ikone liegt auf gekreuzten Tüchern. Kinder sagen, wen sie auf dem Bild sehen. Hinweis, dass Jesus ein Mensch mit einem großen, weiten Herzen war.
Ikone und Jesuskerze wird im Kreis getragen. Dazu Liedruf:

Lied: Eines Tages kam ein junger Mann (Nr. 7)

Ikone wird wieder in die Mitte gelegt.

Hinweis, dass Jesus nach seiner Geburt größer wurde und mit 30 Jahren zu den Menschen ging. Er liebte alle Menschen, die großen und die kleinen, die jungen und die alten.

Die Geschichte, die wir heute von Jesus hören, spielt in Jericho (evtl. kurze Erklärung geben).
Häuser werden um Herz gelegt.
In Jericho gibt es zwei Tore. Sie führen in die Stadt hinein und auch wieder heraus. Sie können offen, aber auch geschlossen sein.
Zwei braune Tücher mit Toren darauf werden rechts und links angelegt.
In der Geschichte gibt es einen besonderen Baum.
Ein weiteres braunes Tuch mit einem Baum darauf wird angelegt.
Ein Haus in der Stadt gehört einem Mann, der in unserer Geschichte eine wichtige Rolle spielt. Wir wollen auch sein Haus in unsere Mitte legen.
Ein braunes Tuch mit einem Haus wird angelegt.

Lied: In den Gedanken und Worten mein (Nr. 14)

Evangelium
Kinder spielen das Evangelium. Sie bleiben jeweils an den verschiedenen Orten (Tor, Baum, Haus) stehen. Kinder spielen das Tor, den Baum, das Haus.

SZENE AM TOR

Kinder spielen das Tor.
Zachäus sitzt vor dem Tor. Leute bezahlen bei ihm und setzen sich wieder auf ihre Plätze.

Am Stadttor der Stadt Jericho sitzt ein Mann mit Namen Zachäus. Er ist der oberste Zöllner. Die Leute müssen bei ihm Steuern, Geld bezahlen. Zachäus betrügt die Leute. Er nimmt mehr Geld als nötig. Dabei wird er sehr reich. Er bekommt nie genug. Er nimmt auch von den Armen das Geld, sodass sie noch ärmer werden. Er nimmt sich so viel wie kein anderer. Aber er meint, dass er immer noch mehr und mehr und mehr braucht.
Raffen und Nehmen nachspielen.

Zachäus ist reich an Geld. Im Herzen aber ist er arm. Sein Herz ist klein und steinhart. Er hält fest, was er besitzt. Er hat Angst, er könnte es verlieren. Er will alles für sich behalten. So setzt er sich

darauf. Er besitzt es. Er ist vom Geld besessen. Keiner der Leute mag ihn – keiner will etwas mit ihm zu tun haben.
Leute zeigen auf ihn mit abwehrender Haltung, entfernen sich von ihm.
Festhalten nachspielen.

Lied: Zachäus wohnt in Jericho, 1. Str. (Nr. 26)

Eines Tages rufen die Leute in Jericho sich zu:
Heute kommt Besuch in unsere Stadt.
Heute kommt Jesus aus Nazaret zu uns, ein Gottesmann.
Kommt, wir wollen ihn sehen.
Kommt, wir wollen ihn hören!
Kommt, wir wollen ihn anrühren.
Jesus schenkt uns Kraft, er macht uns froh.
Jesus macht uns gesund.

Jesus kommt in die Stadt. Menschen versammeln sich um ihn, so dass man ihn kaum noch sieht.
Da kommt Jesus in die Stadt.
Viele Menschen versammeln sich um Jesus, der ganz arm ist und doch ganz reich, um Jesus, der ein großes weites Herz hat.

Zachäus steht vom Platz auf, stellt sich auf Zehenspitzen, schaut nach Jesus.
Zachäus horcht auf, er schaut auf. Er atmet auf. Ein Wunsch wird in ihm wach:
Ich will Jesus sehen. Ich will ihn hören. Ich will wissen, wer dieser Jesus ist!
Aber Zachäus ist zu klein. Er sieht Jesus nicht. Die Leute versperren ihm die Sicht.

Lied: Zachäus wohnt in Jericho, 2. Str. (Nr. 26)

SZENE AM BAUM

Kinder spielen Baum vor einem Stuhl.
Zachäus geht zum Baum/Stuhl.
Zachäus gibt sich einen Ruck. Er wächst über sich hinaus. Er steigt

auf einen Baum. Dort fühlt sich Zachäus wohl, dort ist Zachäus dem nahe, wonach er sich sehnt, dem Himmel, den Wolken, der Luft – und Jesus.
Wachsen nachspielen.

Jesus kommt zum Baum.
Zachäus wartet. Er schaut nach Jesus. Da kommt er. Jesus geht geradewegs zu dem Baum, auf dem Zachäus sitzt. Jesus bleibt vor dem Baum stehen, er schaut hinauf, für einen Augenblick.
Zachäus spürt:
Jesus schaut mich an.
Ich bin geliebt.
Sein Herz ist voller Glück, wie er es noch nie erlebt hat.
Jesus ruft ihm zu:
Komm schnell herunter.

Lied: Zachäus wohnt in Jericho, 3. Str. (Nr. 26)

Jesus sagt weiter zu Zachäus:
Ich will heute dein Gast sein.
Ich komm zu dir in dein Haus, an deinen Tisch.
Ich kehre bei dir ein.

Schnell steigt Zachäus vom Baum. Voll Freude sagt er zu Jesus:
Komm, Herr Jesus, sei mein Gast!
Beide gehen zum Haus und setzen sich an den Tisch.

Lied: Zachäus wohnt in Jericho, 4. Str. (Nr. 26)

SZENE IM HAUS
(von Kindern gespielt)

Jesus und Zachäus sitzen zusammen am Tisch. Jesus nimmt Brot in seine Hände. Er hält es zum Himmel und dankt Gott für die Gaben. Dann bricht er es und teilt es mit Zachäus.
Wir spielen Brotbrechen und -teilen nach.

Draußen vor der Tür aber stehen andere Leute, die ärgern sich und sagen:
Seht, bei diesem Zachäus, bei diesem bösen Mann, da kehrt er ein, nicht bei uns. Er isst sogar mit ihm am gleichen Tisch.

Als Zachäus sieht, wie Jesus mit ihm das Brot teilt, spricht er:
Jesus, ich will sein wie du. Ich will mit den Armen teilen, was ich besitze.
Wenn ich jemanden betrogen habe, gebe ich es vierfach zurück.
Da sagt Jesus zu ihm:
Heute ist es in deinem Haus und in deinem Herzen ganz hell geworden.
Denn ich bin gekommen, um dich zu suchen.
Ich bin gekommen, weil ich dich gern habe.

Lied: Gottes Liebe ist so wunderbar (Nr. 8)

Auslegung mit Gesten

Wir spielen den Wandlungsprozess des Zachäus noch einmal nach:
Wir raffen und raffen, wollen alles haben.
Wir sitzen gekrümmt, zusammengekauert, uns selbst festhaltend.
Wir atmen auf, richten uns auf, weiten uns.
Wir wachsen nach oben, strecken uns zum Himmel gleich einem Baum.
Wir kommen mit den Armen wieder herunter.
Wir öffnen die Arme weit, um einen Besuch zu empfangen.
Wir nehmen Brot, Frucht der Erde, heben es von unten auf.
Wir halten es nach oben, holen es, gesegnet, von oben wieder nach unten.
Wir brechen das Brot und teilen es miteinander, reichen es dem Nachbarn.
Wir bleiben in Kreuzgestalt stehen und singen ein Loblied:

Loblied: Hallelu ... (Tr 177)

Jesus kehrt bei Zachäus ein (Evangeliumserzählung): Franz Kett (wörtliche Wiedergabe und Bearbeitung), aus: Religionspädagogische Praxis, Handreichung für elementare Religionspädagogik, Jhg. 1991, Nr. I, S. 45ff „Im Anschauen deines Bildes", alle Rechte bei RPA Verlag, Landshut

Miteinander Brot essen

Zachäus teilt Brot an alle Kinder aus, die im Kreis stehen. Wir essen dieses Brot gemeinsam – Meditationsmusik

Vaterunser

Vater unser im Himmel ...

Friedensgruß

▼

Lied: Gib uns Frieden jeden Tag (Tr 284)

Schlussteil

▼

Schlussgebet
Herr Jesus!
Zachäus war reich.
Er hat alles gehabt.
Aber etwas hat ihm noch gefehlt.
Dich hat er gesucht.
Dich wollte er sehen.
Er hat nach dir ausgeschaut.
Du aber hast ihn angeschaut.
Du hast ihn mit seinem Namen gerufen.
Du bist zu ihm ins Haus gekommen.
Da hat er sich gefreut.
Sein Haus ist ganz hell geworden.
Da hat er die Hände geöffnet und alles geteilt.
Komm auch zu uns, Jesus!
Mach unser Herz weit und hell.

Schlusslied: Kindermutmachlied (Tr 929)

Die Verklärung Jesu

Anlass/Themenkreis	Gottesdienst vor Ostern
Ziel	Die Kinder sollen erfahren, dass sie schöne Momente genießen dürfen, sie aber nicht festhalten können, sondern auch wieder loslassen müssen
Vorbereitungen Materialien	Bibel Reifen Grüne, braune, weiße, rote, orange, gelbe Tücher Jesuskerze, Ikone, Kleidung für Spiel: Weißes Gewand für Jesus (außerdem: Petrus, Jakobus, Johannes) Kerzen Gesellschaftsspiel, Fernseher, Blumen, Schwimmreifen, Wecker Orffinstrumente: Xylophon, Glockenspiel, Becken, Triangel, Trommel
Gottesdienstübersicht	Berglandschaft legen und erfahren Evangelium: Verklärung Jesu (Lk 9,28–36) Auslegung Gebet

Gottesdienstverlauf

Lied: Viele, viele Leute sind heut gekommen (Nr. 25)

Begrüßung und Hinführung

Fasching ist vorüber
Mit dem Aschermittwoch hat die Fastenzeit begonnen
Fastenzeit dauert 40 Tage lang – bis Ostern
Fastenzeit – Zeit, um bewusst zu leben …
Heute wollen wir eine Geschichte erleben, die ganz eng mit Ostern zusammenhängt, eine Geschichte, in der Jesus uns etwas sagen will.

Kreuzzeichen

Im Zeichen des Kreuzes, das für uns Zeichen der Auferstehung ist, beginnen wir diesen Gottesdienst und beten gemeinsam:
Im Namen des Vaters …

Katechese

Die Kinder sammeln sich, finden zur Mitte: Reifen drehen …
In und über die Reifen werden grüne Tücher gelegt.
Auf den Tüchern werden braune Berge angeordnet.
Wir schauen die Berge an, die Farbe, die Gestalt …
Wir spielen Berge mit Händen: nach oben = Berg; nach unten = Tal
Wir wollen einen Berg besteigen: Zunächst mit unseren Händen, dann auch auf den Stuhl steigen
Wir schauen einmal vom Berg hinunter ins tiefe Tal
Wenn man auf einem Berg steht, ist unten alles ganz klein: Häuser, Bäume, Blumen, ja der Alltag ist ganz weit weg
Wir setzen uns wieder auf die Stühle.

Frohe Botschaft

Hinführung
Wir wollen jetzt eine Geschichte erleben, in der Jesus Gott ganz nahe sein will. Immer wenn Jesus seine Ruhe haben will, wenn er ganz nahe bei Gott sein will, geht er dahin, wo es still ist, weg vom Alltag. So ein Ort sind z.B. die Berge. Ganz oben ist man weit weg vom Alltag.

Erleben wir diese Geschichte und sehen, was da oben auf dem Berg geschieht.

Lied: In den Gedanken und Worten mein (Nr. 14)

Evangelium

Die Geschichte wird von Kindern gespielt.
Jesus hatte viele Freunde. Die Jünger Jesu oder die Apostel nannte man sie. Sie sind mit Jesus gegangen, haben ihn begleitet.
Eines Tages ruft Jesus drei von den zwölf engsten Freunden zu sich. Es sind der Petrus, der Jakobus und der Johannes. Er sagt zu ihnen: Kommt mit mir! Wohin führt Jesus die Freunde? Sie steigen auf einen hohen Berg. ♪ *Xylophon*
Ihr kennt es: Oben auf dem Berg sieht die Welt anders aus. Bäume, Wiesen, Felder, Häuser, Tiere und Menschen sind klein geworden. Vielleicht sind auch die Angst, die Sorgen kleiner geworden. Man hat sie einfach unten gelassen, weit weg. ♪ *Glockenspiel*
Oben ist die Luft so frei, der Himmel so weit. Auch das Herz wird weit und frei. ♪ *Glockenspiel*
Jesus und seine Freunde fühlen sich so, als sie oben auf dem Berg angekommen sind. Sie schauen über das Land. Sie blicken den ziehenden Wolken nach. ♪ *Glockenspiel*
Hier ist es schön. Schaut mal den weiten Himmel. ♪ *Becken*
Ja, ich fühle mich richtig frei. Die Sorgen sind weit weg, da unten. ♪ *Becken*
Wie schön ist doch die Welt! ♪ *Becken*
Jesus freut sich mit seinen Jüngern. Er beginnt mit seinen Freunden einfach zu singen, ein Lied, in dem er Gott lobt, Gott, der Himmel und Erde wunderbar erschaffen hat:

Loblied: Er hält das Leben; evtl. mit Text: Er hält die ganze Welt ... in seiner Hand (Tr 973)

Und dann wird Jesus still. Etwas Wunderbares geschieht an ihm. Sein Gesicht verwandelt sich. Es fängt zu strahlen an. ♪ *Triangel*
Es leuchtet hell wie die Sonne. – *Gelbe Tücher werden hochgehoben.* ♪ *Triangel*
Sein Gewand wird weiß wie Schnee. – *Jesus zieht Übergewand aus. Weiße Tücher werden hochgehoben.* ♪ *Glockenspiel*

Jesus leuchtet aus einem großen hellen Licht. – *Rote und orange Tücher werden hochgehoben.* ♪ *Becken*
Jesus strahlt im Licht Gottes. Die Freunde sind erstaunt. Sie wissen nicht, was sie sagen sollen. Da sagt Petrus: Es ist gut, dass wir hier sind. Wir wollen hier drei Hütten bauen, hier wollen wir bleiben, Jesus. Das, was ich hier sehe, will ich festhalten. Ich will es nie mehr loslassen. ♪ *Becken*
Und während er das sagt, kommt eine große Wolke über sie, und aus der Wolke hören sie Gottes Stimme: ♪ *Trommel*
Das ist mein geliebter Sohn. Über ihn freue ich mich von Herzen. Auf ihn sollt ihr schauen. Auf ihn sollt ihr hören. ♪ *Becken*
Die Freunde Jesu erschrecken. Das Licht, die helle Wolke, die Stimme aus der Wolke lassen sie spüren: Gott ist da. Gott ist es, der aus Jesus leuchtet. Gott ist es, der aus der Wolke spricht. ♪ *Becken*
Sie werfen sich auf den Boden nieder. Sie verbergen ihr Gesicht. Wer kann schon Gott schauen? Die Wolke zieht vorüber. Der Glanz aus dem Gesicht von Jesus verschwindet. – *Die roten und orangefarbenen Tücher in Dreiecksform werden der Reihe nach ganz langsam um Berge abgelegt.* ♪ *Becken*

Jesus rührt seine Freunde an und sagt zu ihnen: Kommt, steht auf! Wir gehen wieder hinunter zu den Menschen mit ihren Sorgen, Ängsten. Wir können nicht hier bleiben. Behaltet in eurem Herzen, was ihr gesehen habt. Niemand wird es begreifen, wenn er es nicht selbst gesehen und gehört hat.
Jesus und seine Freunde steigen den Berg wieder hinab. ♪ *Xylophon*
Im Herzen tragen sie, was sie gesehen haben: Jesus hat hell geleuchtet, das Licht Gottes war in ihm. Er ist Gottes Sohn, auf ihn sollen wir hören. ♪ *Becken*
Jesuskerze und Jesusbild werden zum Berg gestellt; die Bibel wird anschließend dazugelegt.

Lied: Du bist das Licht der Welt (Tr 1078)

▼

Das Leuchten Jesu war etwas Wunderbares, etwas Besonderes für die Freunde. Das, was sie da oben auf dem Berg erlebt haben, wollen sie festhalten. Sie erkennen da oben Jesus als Gottes Sohn. Dieses Erlebnis gibt ihnen viel Kraft, so viel Kraft, dass sie dann einige Zeit später auch das Leiden und Sterben Jesu ertragen können, so viel Kraft, dass sie später an die Auferstehung glauben können. Es war so schön, was sie da erlebt haben, dass sie gar nicht mehr vom Berg hinuntergehen wollten. Sie wollten sich da oben drei Hütten bauen und dort bleiben.

Solche schönen Momente gibt es auch für euch, Kinder. Momente, wo es euch ganz gut geht, die ihr am liebsten festhalten wollt.

Kinder benennen diese (Spielen, Ausflug, Fest, Urlaub, Geburtstag ...) und zünden für jede Situation ein Licht an, das sie um die Berge stellen.

So wie die Freunde Jesu wollt ihr diese Momente auch oft festhalten. (Ich will aber noch Fernsehen schauen. Ich will noch nicht nach Hause gehen, das Fest ist doch so schön. Ich will noch länger aufbleiben. Ich will noch ein bisschen spielen ...)

Solche Momente sind schön und ihr dürft sie auch auskosten. Aber alles geht auch einmal zu Ende. Wir können nicht alle schönen Dinge und Situationen immer festhalten. Wir müssen sie auch loslassen, so wie die Freunde Jesu dieses schöne Erlebnis hinter sich lassen mussten und wieder hinunter zu den anderen Menschen steigen mussten.

▼

Lieber Gott. Du schenkst uns immer wieder schöne Momente, in denen es uns ganz gut geht. Oft aber wollen wir diese festhalten und können sie nicht mehr loslassen. Deshalb bitten wir dich:

Zu jeder Fürbitte wird ein entsprechender Gegenstand zum Bild gelegt. Nach jeder Bitte singen wir:

Ruf: Herr, erbarme dich (Tr 106)

- Lieber Gott, ich spiele gern mit meinen Freunden. Lass mich erkennen, dass auch das schönste Spiel einmal zu Ende gehen muss. (Gesellschaftsspiel)
- Lieber Gott, ich schaue gern Fernsehen. Lass mich erkennen, dass ich auch wieder ausschalten muss, wenn meine Eltern es sagen. (Fernseher)
- Lieber Gott, Feste gefallen mir gut, da gibt es leckeres Essen, da kann ich mit anderen spielen und tanzen. Lass mich erkennen, dass auch ein schönes Fest einmal zu Ende geht und ich wieder nach Hause gehen muss. (Blumen)
- Lieber Gott, in den Ferien geht es mir gut. Da haben meine Eltern viel Zeit für mich und wir unternehmen viel. Lass mich erkennen, dass auch diese schöne Zeit ein Ende hat und der Alltag wieder kommt. (Schwimmreifen)
- Lieber Gott, an einem Tag kann ich viele schöne Dinge erleben. Lass mich erkennen, dass auch ein Tag einmal zu Ende geht und ich ins Bett gehen muss, wenn es meine Eltern sagen. (Wecker)

Vaterunser ▼

Vater unser im Himmel ...

Friedensgruß ▼

Lied: Gib uns Frieden jeden Tag (Tr 284)

Schlussteil ▼

Schlussgebet
Lieber Gott,
Jesus hat durch dich geleuchtet.
Er strahlte in hellem Licht.
Die Freunde spürten: Jesus ist Gottes Sohn.
Auf ihn sollen wir hören. Auf ihn sollen wir schauen.
Lass auch uns Jesus immer wieder neu erkennen.
Lass uns spüren: Jesus ist da in allen Momenten unseres Lebens,
er ist da, wenn es mir gut geht,
er ist aber auch da, wenn ich etwas Schönes loslassen muss.
Danke, Jesus, für deine Nähe. Amen.

Schlusslied: Herr, geh mit uns (Tr 342)

Jesus zieht in die Stadt Jerusalem ein

Anlass

Palmsonntag

Ziel

Kinder sollen den Einzug Jesu in Jerusalem nacherleben

Vorbereitungen Materialien

In der Mitte liegt ein großes rotes, rundes Tuch
Bibel
Krone mit Bildern (Haus, Brot, Weintraube, Ähre, Blume, Stein, Krug, Sonne, Kreuz)
Bilder (Jesus reitet auf Esel; jubelnde Leute; Menschen mit Zweigen in Händen; Herz; Jesus heilt)
Ikone
Jesuskerze
Palmzweige/Buchsbaum
7 Bilder zur Verehrung (dienender Mensch; Hirt – Herde; Tröstender; Freund; Friede/Friedensstifter; Heilender; Nächstenliebe zeigender Mensch)
Orffinstrumente: Triangel, Becken

Gottesdienstübersicht

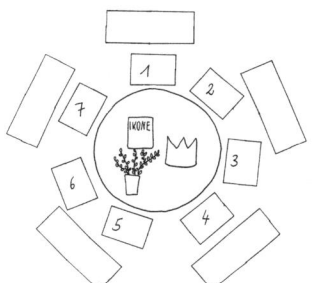

Hinführung: König sein

Evangelium: Einzug in Jerusalem (Mk 11,1–11)
Segnung der Palmzweige

Palmprozession

Gebet

Gottesdienstverlauf

Lied: Wir feiern heut ein Fest (Tr 1047)

Begrüßung und Hinführung ▼

Es beginnt eine heilige Zeit, eine Zeit, in der wir besonders aufmerksam den Weg mit Jesus gehen.
Es ist sein letzter Weg. Heute beginnt er ihn, er geht in die heilige Stadt Jerusalem.
Wir wollen Jesus auf seinem Weg begleiten, mit ihm gehen.
Wir dürfen hören und schauen, was er für uns tut.

Kreuzzeichen ▼

Darum bezeichnen wir uns mit seinem Zeichen und beten:
Im Namen des Vaters ...

Katechese ▼

Eine Krone, die auf einem Kissen liegt, wird von einem Kind im Kreis getragen.
Wir sehen eine Krone und denken dabei sicherlich an manches: König, Schloss, Macht, Gold, ein Märchen ...
Wir schließen einmal die Augen und träumen davon, ein König oder eine Königin zu sein, auf einem Thron zu sitzen. Wäre es nicht schön, ein König oder eine Königin zu sein und eine Krone zu tragen?
Die Krone sagt uns: Ich mach dich schön. ♪ *Becken*
Die Leute werden auf dich achten. ♪ *Becken*
Du bist stark und mächtig. ♪ *Becken*
Wir wollen unsere Krone genauer anschauen. Sie ist nicht aus Gold. Sie hat keine Perlen und keine Edelsteine. Doch etwas Besonderes können wir an ihr entdecken. Kleine Zeichen sehen wir darauf. Was können wir erkennen?
Ein Kind darf näher kommen und sagen, was es auf der Krone sieht:
Haus, Brot, Weintraube, Ähre, Blume, Stein, Krug, Sonne, Kreuz.
Keine Perlen, keine Edelsteine. Auch nicht Waffen und Schwerter. Andere Zeichen sind es. Wovon erzählen diese Zeichen auf unserer

Krone? Sie erzählen vom Leben und von dem, was wir zum Leben brauchen. Wer könnte wohl eine solche Krone tragen? Könnte sie die Mutter oder der Vater tragen? Woran wird der wohl denken, der sie auf dem Kopf trägt?

Will er nicht zeigen:

Ich denke an euch. ♪ *Triangel*

Ich liebe euch. ♪ *Triangel*

Ich will euch geben, was ihr zum Leben braucht. ♪ *Triangel*

Er muss das haben, was er auf der Krone zeigt. Sonst kann er es uns nicht geben. Ein großer König wird er sein, ein guter König, liebevoll und gütig. Wir kennen diesen König, es ist Jesus. Wir sind heute hierher gekommen, um von ihm zu hören.

Die Ikone wird hoch gehalten, im Kreis herumgezeigt und mit der Krone in die Mitte gelegt.

▼

Lied: In den Gedanken und Worten mein (Nr. 14)

Evangelium wird mit verteilten Rollen gelesen. Zu jedem Teil werden große Bilder mit der entsprechenden Szene hochgehalten und dann abgelegt. Nach jeder Szene wird folgendes Lied mit Gesten gesungen:

Lied: Jesus soll unser König sein (Nr. 19)

Jesus ist mit seinen Jüngern unterwegs. Er ist auf dem Weg nach Jerusalem. Bevor sie in die Stadt kommen, bleibt Jesus stehen. Er sagt zu seinen Jüngern: „Geht voraus in das nächste Dorf. Es heißt Betphage. Dort werdet ihr einen jungen Esel finden, der an einem Pflock angebunden ist. Noch niemand ist auf diesem Esel geritten. Bindet ihn los und bringt ihn zu mir. Auf ihm will ich in die Stadt hineinreiten. Wenn euch der Herr, dem der Esel gehört, fragt, warum ihr das Tier losbindet und mitnehmt, so sagt ihm: Der Herr braucht ihn. Dann wird er ihn euch geben."

Die beiden Jünger gehen in das nächste Dorf. Sie finden alles so, wie Jesus es gesagt hat. Sie sehen den jungen Esel und wollen ihn losbinden, doch da kommt der Besitzer und fragt: „Warum bindet ihr meinen Esel los?" Die beiden Jünger sagen: „Der Herr braucht ihn." Da gibt der Mann ihnen den jungen Esel. – *Bild: Jesus sitzt auf dem Esel*

Viele Menschen kommen ihnen entgegen und ziehen mit ihm in die Stadt hinein. Doch plötzlich geschieht etwas Seltsames, Ungewohntes, was noch niemand gehört hat. Die Leute beginnen zu singen: „Jesus soll unser König sein, Hosianna, hochgelobt sei, der da kommt im Namen des Herrn!"

Lied: Jesus soll unser König sein, 1. Str. (Nr. 19)

Und wie sie so rufen, kommen aus den Häusern noch mehr Menschen. Sie breiten ihre Kleider auf die Straße und jubeln Jesus zu. – *Bild: jubelnde Leute*

Lied: Jesus soll unser König sein, 2. Str.

Und sie brechen von den Bäumen Zweige ab; sie nehmen die Zweige in die Hände, sie schwenken sie hoch, Jesus entgegen. So ehren sie ihn wie einen König. – *Bild: Menschen mit Zweigen*

Lied: Jesus soll unser König sein, 3. Str.

Jesus, ein König? Was für ein König ist er? Er sitzt nicht auf einem hohen Pferd, sondern auf einem Esel, auf einem Tier, das den armen Leuten gehört. Er trägt keine Krone, er hat kein Zepter in der Hand. Und doch jubeln ihm die Leute zu: „Du bist unser König!" – *Bild: Menschen mit Zweigen in den Händen*

Lied: Jesus soll unser König sein, 4. Str.

Jesus soll ein König sein? Was für ein König? Er hat kein Schloss. Er hat keine Diener. Er will selbst dienen. Er hat nicht einmal ein Haus. Er geht von einem Ort zum anderen. Er ist arm, jedoch sein Herz ist reich. Er liebt die Menschen, seine Liebe ist groß und mächtig. – *Bild: Herz*

Lied: Jesus soll unser König sein, 5. Str.

So rufen die Leute, und immer mehr versammeln sich und ziehen mit Jesus. Welch ein König kommt in die Stadt? Welche Macht hat er? Blinde können wieder sehen; wo es dunkel war, wird es hell, wenn Jesus kommt. Lahme können wieder gehen, Kranke werden gesund. Traurige werden froh und richten sich auf. Wer in seiner Nähe ist, spürt Kraft und Mut. – *Bild: Jesus heilt Menschen*

Lied: Jesus zieht in Jerusalem ein, 6. Str.

Jesus soll unser König sein (Familiengottesdienst): Franz Kett, aus: Religionspädagogische Praxis, Handreichung für elementare Religionspädagogik. Jhg. 1989, Nr. II, S. 11f, „Ihr werdet das Leben haben", alle Rechte bei RPA Verlag, Landshut

▼

Segnung der Zweige

Die Menschen haben Jesus zugerufen: Hosianna, gelobt sei er, der kommt im Namen des Herrn. Sie haben Zweige abgebrochen, um damit Jesus zuzuwinken. Sie streuten sie auch auf den Weg, denn Jesus kommt, ein König!

Ihr habt heute auch Zweige mitgebracht. Nehmt sie jetzt bitte in die Hand. Wir wollen sie segnen und mit ihnen Jesus zurufen: Jesus soll unser König sein!

Lieber Gott, segne diese Palmzweige, die Zeichen des Lebens, mit denen wir Jesus, unseren König, loben und ehren. Und segne uns, damit wir mit Jesus nach Jerusalem ziehen können, du, der Vater, der Sohn und der Heilige Geist.

▼

Prozession durch die Kirche

Jesus zieht in die Stadt Jerusalem ein, auf einem Esel und ohne Königskrone, nicht groß und mächtig. Doch die Leute erkennen ihn. Sie wissen, er ist gut, er schenkt ihnen, was sie zum Leben brauchen. Wir haben ihm eine Krone bereitet, die wir ihm jetzt vorantragen wollen, wenn wir durch die Kirche ziehen. *Kinder tragen die Krone, die Ikone und die Palmzweige.*

Als Zeichen für Jesus, der uns vorangeht, wollen wir unsere Kerze entzünden und unserem Zug vorantragen. *Ein Kind trägt die Kerze.*

Wir folgen nun mit unseren Palmzweigen den Kindern mit den Zeichen durch die Kirche. Dazu singen wir nochmals das Lied.

Lied: Jesus soll unser König sein, alle Strophen (Nr. 19)

Am Ende stellen die Kinder ihre Zeichen auf das rote Tuch. Die anderen Kinder setzen sich mit ihren Palmzweigen auf ihren Platz.

▼

Zwischen jedem Teil wird der Kehrvers des oben genannten Liedes gesungen: „Jesus soll unser König sein!" Dazu wird ein entsprechendes Bild um das rote Tuch abgelegt, so dass eine Krone entsteht. Der Text wird von zwei Personen gesprochen. Der erste Satz steht jeweils für uns Menschen, der zweite Satz für Jesus.

Jesus sagt: „Ich bin ein König."
Was für ein König ist er? Wir haben schon die Zeichen gesehen, die von Jesus, unserem König, erzählen ...
Jesus sagt: „Ja, ich bin ein König, aber ein anderer König."
Lied: Jesus soll unser König sein, Kehrvers (Nr. 19)

1. Wir wollen über die Menschen herrschen.
2. Mein Königtum ist anders: Ich will den Menschen dienen.
Lied: Jesus soll unser König sein, Kehrvers

1. Wir wollen stolz sein und über den Menschen stehen.
2. Mein Königtum ist anders: Ich will den Menschen ganz nahe sein, wie ein Hirt bei seiner Herde.
Lied: Jesus soll unser König sein, Kehrvers

1. Wir wollen Macht ausüben.
2. Mein Königtum ist anders: Ich will die traurigen Menschen aufrichten, dass sie Freude und Kraft zum Leben haben.
Lied: Jesus soll unser König sein, Kehrvers

1. Wir denken nur an uns selbst.
2. Mein Königtum ist anders: Ich liebe die Menschen und will ihnen wie ein guter Bruder und Freund sein.
Lied: Jesus soll unser König sein, Kehrvers

1. Wir führen Kriege.
2. Mein Königtum ist anders: Ich komme, um die Menschen zu versöhnen und Frieden zu stiften.
Lied: Jesus soll unser König sein, Kehrvers

1. Wir haben Gewalt und zerstören vieles.
2. Mein Königtum ist anders: Ich komme, um Leben zu bringen und zu heilen, was verwundet ist.
Lied: Jesus soll unser König sein, Kehrvers

1. Wir wollen groß sein, wollen Glanz und Ansehen.
2. Mein Königtum ist anders: Ich schaue mit Liebe die Kleinen und die Ausgegrenzten an und will mein Leben für die Menschen hingeben.

Lied: Jesus soll unser König sein, Kehrvers

In unserer Mitte ist eine Krone entstanden. Eine Krone für Jesus, unseren König. Wir dürfen miteinander seine Krone sein. Wir fassen uns an den Händen und zeigen, wie die Krone leuchtet. Wie groß und herrlich und gut ist Jesus! Deshalb singen wir ihm noch einmal unser Lied.

Lied: Jesus soll unser König sein, Kehrvers

 Vaterunser

Vater unser im Himmel ...

Jesus, du willst einziehen in unser Dorf, in unsere Familie, in unser Leben, du willst einziehen in unser Herz mit deinem Frieden, mit deiner Liebe, mit deinem Leben. Im Lied wollen wir singen, was du uns sagen und wünschen willst:

 Friedensgruß

Lied: Herr, gib uns deinen Frieden (Tr 293)

 Schlussteil

Schlussgebet
Wir fassen uns an den Händen und bilden eine Krone
Herr Jesus.
Du bist ein König, der die Menschen liebt.
Du bist ein König, der den Menschen Freude bereitet.
Du bist ein König, der die Menschen tröstet.
Du bist ein König, der den Menschen Mut macht.
Du bist ein König, der den Menschen den Frieden bringt.
Jesus, sei König in unseren Herzen.
Sei König auf der ganzen Erde. Amen.

Segen und Verabschiedung

Schlusslied
Herr, geh mit uns (Tr 342)

Jesus feiert mit seinen Jüngern das letzte Abendmahl

Anlass/Themenkreis	Gründonnerstag, Einsetzung der Eucharistie
Ziel	Die Kinder sollen erfahren, wie Jesus aus Liebe mit seinen Freunden Abschied gefeiert hat
Vorbereitungen Materialien	In der Mitte liegt bereits eine runde weiße Tischdecke Jedes Kind bekommt am Eingang eine ausgeschnittene Figur
	Bibel Buchsbaumzweige Mehrere Blumenstöckchen Großer Brotlaib auf Teller Krüge und Becher, Saft Kerzen Ikone, Jesuskerze Schüsseln mit Wasser und Tücher Meditative Musik
Gottesdienstübersicht	Rückblick: Palmsonntag
	Tisch bereiten
	Evangelium: Letztes Abendmahl (Joh 13,1–9; Mt 26, 20–29)
	Händewaschung
	Brot teilen und essen
	Gebet

Gottesdienstverlauf

Lied: Wir feiern heut ein Fest (Tr 1047)

▼

Begrüßung und Hinführung

Wir sind heute zusammengekommen, um ein Fest zu feiern, ein Abschiedsfest. Erinnern wir uns noch einmal an den vergangenen Sonntag. Jesus ist auf einem Esel in die Stadt Jerusalem eingezogen. Die Menschen haben ihn dort als König begrüßt. Sie haben ihm zugejubelt und gesungen: „Jesus soll unser König sein". Jesus ist ein König, der viel Liebe im Herzen trägt, kein König, der Macht haben will, der groß sein will, Jesus hat ein großes, weites, liebendes Herz ...
So begrüße auch ich euch ganz herzlich zu diesem Gottesdienst heute am Gründonnerstag. Schön, dass ihr gekommen seid, um mit Jesus das letzte Abendmahl zu feiern.

▼

Kreuzzeichen

So beginnen wir diesen Gottesdienst mit dem Zeichen dessen, der uns alle von ganzem Herzen liebt:
Im Namen des Vaters ...

▼

Frohe Botschaft

Lied: In den Gedanken und Worten mein (Nr. 14)

Evangelium

Jesus zieht nach Jerusalem hinauf. Er will dort mit seinen Jüngern ein großes Fest feiern, das Paschafest. Es ist ein Fest, bei dem die Menschen Gott danken wollen für alles Gute.
Jesus sagt zu seinen zwei Jüngern: Geht ihr schon in die Stadt voraus und bereitet alles für das Fest vor. Am Abend werde ich mit den anderen kommen und wir werden alle zusammen das Fest feiern und Mahl halten. So gehen die beiden Jünger voraus und bereiten alles, was zum Fest nötig ist.
Sie bringen ein Lamm, das Paschalamm, das gegessen wird, bittere Kräuter und Mus, Brot und Wein, Becher und Teller.

Jetzt wollen auch wir unseren Tisch bereiten:
Wir schmücken die Tischdecke am Rand mit Buchszweigen.

Lied: Zum Essen lädt uns Gott, 1. Str. (Nr. 28)

Kinder tragen Blumen im Kreis und stellen sie auf die Tischdecke.

Lied: Zum Essen ..., 2. Str.

Ein Brotlaib wird im Kreis getragen und auf die Tischdecke gelegt.

Lied: Zum Essen, 3. Str.

Kinder tragen Krüge mit Saft und Becher herein.

Lied: Zum Essen, 4. Str.

Kinder tragen Kerzen im Kreis, stellen sie auf die Tischdecke und zünden sie an.

Lied: Zum Essen, 5. Str.

Wir haben jetzt unseren Tisch bereitet, so wie es Jesu Freunde damals auch getan haben.
Nachdem die Jünger so alles auf den Tisch gestellt haben, bereiten sie auch für jeden einen Platz.
Auch wir wollen uns heute um den Tisch versammeln, wollen für jeden einen Platz bereiten.
Jedes Kind darf seine Figur um den Tisch ablegen.

Lied: Zum Essen, 6. Str.

Am Abend kommt Jesus mit seinen Freunden, sie setzen sich an den festlich gedeckten Tisch.
Wir fassen uns an den Händen, wir sind jetzt Jesu Freunde, Jesu Jünger.
Jesus ist es, der uns einlädt zu seinem Fest, er ist jetzt hier in unserer Mitte.
Ikone und Jesuskerze werden im Kreis getragen und an den Tisch gestellt.

Lied: Wo zwei oder drei (Tr 95)

Jesus weiß: Diese Nacht wird schwer werden. Ja, einer seiner Freunde wird ihn verraten. Er wird leiden und sterben müssen. Jesus weiß: Dieses Mahl ist das letzte mit seinen Jüngern. Jesus liebt seine Jünger bis zum Ende. Deshalb tut er etwas ganz Besonderes.

Jesus bindet sich ein Leinentuch um. Er nimmt eine Schüssel Wasser und beginnt, seinen Freunden die Füße zu waschen. Die Jünger sind erstaunt. Sie lassen es an sich geschehen. Als Jesus aber zu Petrus kommt, sagt dieser: Nein, Herr! Du mein Herr und Meister sollst mir nicht die Füße waschen.

Jesus sagt: Lass es geschehen. Wenn ich dich nicht wasche, bist du nicht rein.

Petrus spricht: Dann wasche nicht nur meine Füße. Wasche alles, meine Hände, mein Gesicht.

Jesus antwortet: Es genügt, wenn ich dir die Füße wasche. Es ist ein Zeichen, dass auch ihr anderen Gutes tun sollt. Auch ihr sollt tun, was ich euch getan habe. Liebt einander!

▼

Händewaschung

Wir waschen allen TeilnehmerInnen die Hände. Wer fertig ist, stellt sich nach vorne in einen Kreis um unsere Mitte auf. – Meditationsmusik

Dann nimmt Jesus Brot in seine Hände. *(Brot in Hände nehmen)* Er schaut zum Vater im Himmel. Er dankt Gott für seine Freunde. Er dankt Gott, dass sie da sind. Er liebt sie und will ihnen ganz nahe sein. Er will mit ihnen verbunden bleiben.

So segnet Jesus das Brot. Er bricht es und sagt zu seinen Jüngern: Nehmt und esst davon! Ich gebe euch das Brot des Lebens. Ich bin selbst das Brot des Lebens. Denkt immer an mich, wenn ihr es esst, und liebt einander, so wie ich euch geliebt habe.

Wir verteilen das Brot und halten es in Händen. Wir essen es ganz langsam und bewusst.
Meditative Musik während des Essens.

Jesus nimmt den Becher mit Wein in seine Hände. Er schaut zum Vater im Himmel. Er segnet den Wein. Er gibt ihn seinen Jüngern mit den Worten: Nehmt und trinkt davon. Ich gebe mein Leben

hin für euch. Dies ist mein Gebot, ihr sollt einander lieben. Denkt immer an mich.
Die Becher mit Saft werden herumgegeben.
Meditative Musik während des Trinkens.

Vaterunser

Vater unser im Himmel ...

Friedensgruß

Wir halten uns alle an den Händen und geben so den Frieden weiter.

Friedenslied: Komm, wir wollen (Tr 275)

Schlussteil

Schlussgebet
Wir halten uns an den Händen und beten:
Jesus, du bist unser Licht.
Jesus, du bist unser Leben.
Jesus, du bist unsere Freude.
Jesus, du liebst uns aus ganzem Herzen.
Jesus, du gibst uns Brot des Lebens.
Jesus, du gibst uns Kraft.
Jesus, stärke uns.
Jesus, bleib bei uns.
Jesus, sei in uns.

Schlusslied: Herr, geh mit uns (Tr 342)

Jesus geht den Kreuzweg

Anlass	Karfreitag
Ziel	Kinder erleben den Kreuzweg Jesu
Vorbereitungen Materialien	Jedes Kind bringt eine Blume mit

Reifen
Grüne, schwarze, braune, weiße
Tücher
Ein rotes Tuch
Kreuz mit Korpus
Kreuz ohne Korpus, Dornenkrone,
Seil
Jesuskerze, Ikone
Fünf große Steine
Sechs Kerzen
Bilder von traurigen, ängstlichen, ver-
ratenen und verurteilten, ausgelachten
und kreuztragenden Menschen (z. B.
Münsterschwarzacher Bildkalender)
Orffinstrumente: Trommel, Becken,
Schellenband, Triangel

Gottesdienstübersicht

Kreuz einführen

Passionsgeschehen
Kreuzigung
(Mt 26,36 – 27,56)

Kreuzverehrung

Gebet

Gottesdienstverlauf

Wir sitzen im Kreis, wie beim letzten Abendmahl. In der Mitte liegt ein Reifen.

Begrüßung und Hinführung

Wir erinnern uns: In Jerusalem hat Jesus mit seinen Freunden das letzte Abendmahl gefeiert. Mit ganzem Herzen hat er es gefeiert, denn er wusste, dass er leiden und sterben wird. Und er wollte seine Jünger nicht allein lassen. Er wollte ihnen ganz nah sein, mit ihnen tief verbunden bleiben.
Darum hat er mit ihnen das Brot des Lebens gebrochen. „Ich bin das Brot des Lebens für euch. Ich gebe mein Leben für euch." Nach dem letzten Abendmahl ging Jesus mit seinen Jüngern hinaus. Lasst uns den Weg mit ihm gehen. Wir wollen sehen, erleben, erfahren, was er tut. Wir wollen bei ihm sein auf dem schweren Weg.

Kreuzzeichen

Diesen Weg beginnen wir heute ganz bewusst mit dem Kreuzzeichen und beten gemeinsam: Im Namen des Vaters ...

Kreuzweg

Der Weg, den Jesus heute geht, ist ein Kreuzweg.
Braune Tücher werden als Kreuz an den Reifen angelegt.
Bei jedem Tuch ein ♪ *Trommelschlag*

GARTEN UND NACHT

Nach dem letzten Abendmahl geht Jesus mit seinen Freunden in einen Garten.
Ein grünes Tuch wird in den Reifen gelegt.
Als er in den Garten geht, ist es dunkel. Dunkel ist es auch in seinem Herzen. Jesus weiß:
Leid, Not, ja der Tod erwarten mich.
Schwarze Tücher werden im Kreis getragen und dann um den „Garten" gelegt. (Eingerollte Tücher) ♪ *Trommelschlag*
Die Jesuskerze und die Ikone werden im Kreis getragen und in den Garten gelegt. ♪ *Trommelschlag*

Im Garten betet Jesus dann ganz alleine, denn seine Freunde, seine Jünger waren so müde, dass sie eingeschlafen sind. Jesus hat Angst. Todesangst bedrückt sein Herz, drückt Jesus nieder. Er fällt zu Boden, schwer wie ein Stein. Jesus schreit: Vater, nimm von mir all meine Angst, meine Todesangst. Lass das bittere Leid an mir vorübergehen. Aber nicht wie ich will, sondern wie du es willst, so soll es geschehen.

Ein schwerer Stein wird von einem Kind herumgetragen und in den Garten gelegt. ♪ *Trommelschläge*
Ein Engel Gottes kommt und stärkt Jesus, damit er das Schwere ertragen kann, das auf ihn zukommt.

Ein weißes Tuch wird von einem Kind herumgetragen und unter den Stein gelegt. ♫ *Beckenschläge*

Lied: Dunkelheit zieht herauf, Str. 1. u. 2. (Nr. 4)

Wir denken an Menschen heute

Bild eines traurigen Menschen wird hochgehalten.
Wir denken an alle Menschen, in denen es dunkel ist.
Bild eines ängstlichen Menschen wird hochgehalten.
Wir denken an die Menschen, die Angst haben, Angst vor Krankheit, Angst vor dem Alleinsein, Angst vor der Einsamkeit, Angst vor dem Tod.
2 Kinder halten Kerzen, die sie entzünden.
Wir entzünden für sie ein Licht an der Jesuskerze.
Wir verbinden uns mit diesen Menschen, indem wir uns die Hände reichen und singen:

Liedruf: Komm, o Herr ..., 2. Teil des Liedes von: Wir preisen deinen Tod (Tr 96)

Kerzen werden in die „Nacht" gestellt; Bilder an den Rand der „Nacht" zur Kerze gelegt.

VERRAT UND GEFANGENSCHAFT

Ein Freund Jesu kommt in den Garten. Judas ist sein Name. Er ist von Jesus enttäuscht. Er kommt mit Soldaten. Ihnen hat Judas gesagt: Den ich küssen werde, der ist es, den nehmt gefangen. Er geht auf Jesus zu und küsst ihn. Jesus sagt zu ihm: Freund, mit einem Kuss verrätst du mich? Die Soldaten nehmen Jesus fest. Sie fesseln ihn.

Ein Seil wird von einem Kind herumgetragen und dann in den Garten gelegt. ♪ *Schellenband*

VERURTEILUNG

Die Soldaten bringen Jesus vor den Richter. Pilatus heißt er. Was soll Pilatus mit Jesus anfangen? Was hat er Böses getan?
Da schreien die Menschen:
Hinweg mit ihm. – *Alle rufen*
Ans Kreuz mit ihm. – *Alle rufen*
Sie schreien noch lauter:
Ans Kreuz, ans Kreuz mit ihm. – *Alle rufen*
Da verurteilt Pilatus Jesus zum Tod.
Ein Kreuz ohne Korpus wird von einem Kind getragen und auf den Weg gelegt. ♪ *Beckenschläge*

Lied: Dunkelheit zieht herauf, Str. 3 u. 4 (Nr. 4)

Wir denken an Menschen heute
Bild von einem Menschen, der verraten wurde, wird hochgehalten.
Wir denken an alle Menschen, die verraten, verkauft, gebunden und gefangen sind.
Bild von einem Menschen, der verurteilt wurde, wird hochgehalten.
Wir denken an alle Menschen, die zu Unrecht beurteilt, verurteilt werden.
2 Kinder halten Kerzen, die sie entzünden.
Wir entzünden für sie ein Licht an der Jesuskerze. Wir verbinden uns mit diesen Menschen, indem wir uns die Hände reichen und singen:

Liedruf: Komm, o Herr ..., 2. Teil des Liedes von: Wir preisen deinen Tod (Tr 96)

Kerzen werden in „Nacht" gestellt. Bilder werden an den Rand der „Nacht" gelegt.

MIT DORNEN GEKRÖNT, VERSPOTTET WERDEN

Der Richter übergibt Jesus den Soldaten. Sie hängen ihm einen roten Mantel um und setzen ihm eine Dornenkrone auf den Kopf. *Die Kinder dürfen vorsichtig die Dornenkrone berühren. Anschließend wird sie auf den Weg gelegt.* ♪ *Triangel*
Unter die Dornenkrone wird ein rotes Tuch als Mantel gelegt.
♪ *Beckenschlag*

JESUS TRÄGT SEIN KREUZ

Dann aber legen sie Jesus ein Kreuz auf die Schultern. Er muss einen schweren, steinigen Weg gehen, den Weg hinauf auf den Berg, wo er hingerichtet werden soll.
4 Kinder haben einen Stein in der Hand, sie gehen damit der Reihe nach zum gelegten Bild, legen den Stein am Ende der 4 Wege des Bildes ab. Dazu wird jeweils gesprochen:
– Das Kreuz ist schwer. ♪ *Trommelschlag*
– Der Hass der Menschen ist schwer. ♪ *Trommelschlag*
– Unsere Lieblosigkeit ist schwer. ♪ *Trommelschlag*
– Unsere Sünden sind schwer. ♪ *Trommelschlag*

Lied: Dunkelheit zieht herauf, Str. 5 u. 6 (Nr. 4)

Wir denken an Menschen heute
Bild eines Menschen, der ausgelacht wird, wird hochgehalten.
Wir denken an alle Menschen, die verlacht, verspottet, gequält werden.
Bild eines Menschen, der ein schweres Kreuz zu tragen hat, wird hochgehalten.
Wir denken an alle Menschen, die ein schweres Kreuz zu tragen haben.
2 Kinder halten Kerzen, die sie entzünden.
Wir entzünden für sie ein Licht an der Jesuskerze.
Wir verbinden uns mit diesen Menschen, indem wir uns die Hände reichen und singen:

Liedruf: Komm, o Herr ..., erst 2. Teil des Liedes, dann Lied von vorne im Kanon (Tr 96)

Die Kerzen werden in die „Nacht" gestellt; die Bilder an den Rand der „Nacht" gelegt.

JESUS WIRD ANS KREUZ GENAGELT

Jesus hat das schwere Kreuz auf den Berg Golgota getragen. Die Soldaten haben ihm seine Kleider weggerissen und sie unter sich verteilt. Dann nageln sie Jesus ans Kreuz.

Jesuskerze wird aus der Mitte genommen und in die Sakristei getragen. Zusammen mit dem verhüllten Kreuz wird sie wieder hereingetragen. Beides wird im Kreis getragen.

Das Kreuz wird hochgehalten und enthüllt. Es wird auf das grüne Tuch in der Mitte gelegt, die Kerze wird unterhalb des Kreuzes gestellt.

Wir stehen auf.

Jesus hängt zwischen Himmel und Erde. Er, der Himmel und Erde miteinander verbinden möchte – Gott und die Menschen. Jesus breitet seine Arme aus. Jesus möchte allen Menschen seine Liebe schenken.

Lied: Zwischen Himmel und Erde (Nr. 29)

Unter dem Kreuz stehen Menschen, die spotten und lachen. Sie rufen: Anderen hast du geholfen, nun hilf dir selbst. Steig doch herab vom Kreuz. Doch Jesus betet: Vater im Himmel, verzeih allen, die mir Leid zugefügt haben, denn sie wissen nicht, was sie tun.

Und danach betet er: Vater, in deine Hände gebe ich mein Leben zurück. Dann neigt Jesus sein Haupt und stirbt.

Die Jesuskerze wird ausgelöscht. – Stille

Wir gehen mit Jesus den Weg des Kreuzes: Franz Kett, aus: Religionspädagogische Praxis, Handreichung für elementare Religionspädagogik, Jhg. 1991, Nr. I, S. 57ff, „Im Anschauen deines Bildes", alle Rechte bei RPA Verlag, Landshut

Gebet ▼

Wir schauen auf das Kreuz. Wir schauen auf Jesus. Jesus, du bist für uns gestorben.

Mit deinen Händen hast du Kranke geheilt, jetzt sind deine Hände gekreuzigt.

Mit deinen Füßen bist du zu den Menschen gegangen. Jetzt sind deine Füße angenagelt.

Mit deinen Augen hast du in Liebe die Sünder angeschaut, jetzt sind deine Augen geschlossen.

Es ist ganz still geworden. Bis zum Tod liebst du uns, bis zum Tod am Kreuz. Jesus, wir danken dir.

▼

Kreuzverehrung

Wir sind traurig. Jesus ist tot. Er ist für uns gestorben.

Doch wissen wir, dass Gott Jesus nicht im Tod gelassen hat. Bald wird unsere Traurigkeit wie weggeblasen sein. Jesus wird an Ostern vom Tode auferstehen.

Wir wollen Jesus verehren, ihm danken, dass er uns liebt, und ihm unsere Liebe zeigen.

Mit unseren Blumen wollen wir das Kreuz schmücken. Damit wollen wir sagen:

Jesus, ich hab dich gern, Jesus, ich danke dir!

Kinder bringen Blumen nach vorn.

Lied: Kreuz aus Holz (Nr. 20)

▼

Schlussteil

Gebet

Wir danken dir, Jesus, für deine Liebe.

Wir danken dir, Jesus, für dein Kreuz.

Dein Kreuz ist unser Heil.

Darum machen wir voller Dank dein Kreuzzeichen über uns und sprechen gemeinsam:

Im Namen des Vaters und des Sohnes ...

Lied: Seht das Zeichen (Nr. 23)

Nachdem Jesus gestorben ist, nehmen sie ihn vom Kreuz ab und legen ihn in ein Grab.

Wir decken ein weißes Tuch über das Kreuz.

Entlassung

Heute am Karfreitag gehen wir einfach so nach Hause: Ohne Segen, ohne Schlusslied. Dies ist ein Zeichen, dass heute kein normaler Tag ist. Alles ist anders als sonst. Wir denken an das Leid von Jesus und warten auf seine Auferstehung.

Jesus steht von den Toten auf

Anlass/Themenkreis	Ostern
Ziel	Kinder sollen Ostern erleben, wo das Dunkel dem Licht weicht und die Menschen froh werden
Vorbereitungen Materialien	In der Mitte des Kreises liegt das Bild eines Gartens Um diese Mitte werden auf grüne Tücher einige Stofftiere gestellt und mit schwarzen Tüchern verhüllt Außenherum werden einige Blumen und Gräser auf grüne Tücher gelegt und mit schwarzen Tüchern verhüllt
	Bibel Schwarze, rote, gelbe Tücher Kräuter, Blumen und Gräser Meditationsmusik u. Musik für Sonnentanz Kleidung für Spiel (3 Frauen, Engel, 3 Jünger) Jesuskerze Kerzen Trommel, Becken, Glockenspiel
Gottesdienstübersicht	Dunkelheit und Trauer erleben
	Evangelium: Frauen auf dem Weg zum Grab erleben Ostern (Mk 16,1–8)
	Sonnentanz
	Weitersagen der Ostererfahrung
	Prozession
	Gebet

Gottesdienstverlauf

Lied: Wir feiern heut ein Fest (Tr 1047)

▼

Begrüßung und Hinführung

Frohe Ostern wünschen wir allen, die zum heutigen Gottesdienst gekommen sind. Frohe Ostern, das ist so leicht gesagt. Wirklich frohe Ostern gibt es eigentlich nur, wenn wir glauben, dass Jesus Christus auferstanden ist und wir mit ihm zu neuem Leben auferstehen können.

▼

Kreuzzeichen

So wollen wir diesen frohen Gottesdienst mit dem Zeichen des neuen Lebens beginnen und beten gemeinsam: Im Namen des Vaters ...

▼

Katechese

Wir erleben Dunkelheit und Trauer der Freunde Jesu

Wir erinnern uns noch einmal an den Tod Jesu. Nach seinem Tod wurde er vom Kreuz genommen und in ein Grab gelegt. Die Freunde und Freundinnen von Jesus waren traurig und gingen nach Hause. In ihrem Herzen war es ganz dunkel. Sie ließen die Köpfe hängen. – *Wir spielen dieses Traurigsein, lassen die Köpfe hängen.*

Vor lauter Dunkelheit und Traurigkeit sahen sie nichts mehr um sich herum, sie nahmen nichts mehr wahr. Sie dachten nur noch an ihren Freund, der nicht mehr bei ihnen ist. – *Einige Kinder dürfen in die Mitte. Sie bekommen schwarze Tücher umgehängt. Sie erleben das Dunkelsein, das Traurigsein – dazu ♫ Trommelschläge*

Um sie herum ist es still. Um sie herum ist es Nacht. Um sie herum ist Dunkelheit.

▼

Frohe Botschaft

Lied: In den Gedanken und Worten mein (Nr. 14)

Evangelium
3 Frauen laufen langsam um unser Bild in der Mitte herum.
Text wird mit Meditationsmusik hinterlegt.
Am Ostermorgen gehen drei Frauen zum Grab. Sie haben Jesus gekannt und alles gesehen und gehört, was er gesagt und getan hat. Jesus war ihr bester Freund. Sie haben ihm zugehört, wie er von Gott redete.
Sie haben ihm zugeschaut, wie er Gutes tat.
Sie haben ihn berührt und dabei Kraft bekommen.
Sie waren begeistert von ihm.
Sie waren gern mit ihm zusammen.
Bei ihm ging es ihnen immer gut.
Nun aber ist alles vorbei. Diesen Jesus hat man ans Kreuz genagelt. Am Kreuz ist er gestorben. Er ist tot. ♫ *5 Trommelschläge*
Die Frauen sind voller Trauer, so dass sie gar nicht sehen, wie die Natur um sie herum grünt und blüht. Sie nehmen die Farben, den Duft, das Leben des neuen Morgens gar nicht wahr.
Frauen bleiben an der Seite stehen, schauen nach unten.
Kinder enthüllen den äußeren Kreis. Unter den schwarzen Tüchern sind Blumen und Gräser zu sehen.

Lied: Geh mit uns (Tr 724)

Frauen laufen wieder um Bild herum.
Die Frauen wollen frische Kräuter, Myrrhe zum Grab bringen und sie hinlegen. Die Frauen sind traurig. Sie lassen Schultern und Arme hängen. Ihr Kopf ist gebeugt. Die Frauen sind niedergedrückt, niedergeschlagen. Sie sind mutlos. ♫ *5 Trommelschläge*
Sie hören in ihrer Trauer nicht die wunderschönen Vogelstimmen, die den neuen Morgen begrüßen. Sie sehen nicht die vielen Tiere, die aus ihrem Versteck kommen und sich an dem neuen Tag erfreuen.
Frauen bleiben an der Seite stehen, schauen nach unten.
Kinder enthüllen die Wiese mit Tieren.

Im Herzen der Frauen ist es dunkel. Ihr Herz ist voller Schmerz und Trauer.

Lied: Geh mit uns, 2. Str. (Tr 724)

Frauen bleiben stehen und sprechen:
1. Frau: Was sollen wir nur ohne Jesus machen? ♫ *Trommel*
2. Frau: Jesus fehlt mir so. ♫ *Trommel*
3. Frau: Ohne ihn ist das Leben nicht mehr so schön. ♫ *Trommel*
1. Frau: Ich hab keinen Freund mehr. ♫ *Trommel*
2. Frau: Warum musste das nur geschehen? ♫ *Trommel*
3. Frau: Ich bin so traurig. Vorher war alles so schön. ♫ *Trommel*

Sie nehmen gar nicht wahr, wie die Morgensonne langsam aufgeht, wie sie den Tag begrüßt, wie ihre Strahlen Wärme und Licht schenken.

Frauen bleiben stehen und schauen nach unten.
8 Kinder lassen mit gelben und roten Tüchern die Sonne aufgehen.
Sie tanzen zur Musik einen Sonnentanz. Anschließend legen sie die Tücher als Dreieck um das Bild in der Mitte.

Lied: Geh mit uns, 3. Str. (Tr 724)

Frauen laufen wieder, bleiben stehen.
Als sie zum Grab kommen, ist es hell. ♫ *Becken*
Einer, der hell ist, der von Gott kommt, ein Engel, ist im Grab. Er sagt:
Wen sucht ihr?
Wir suchen Jesus.
Jesus ist nicht im Grab. – *Tuch in der Mitte wird etwas aufge-macht.* ♫ *Becken*
Er lebt. – *Tuch wird weiter aufgemacht.* ♫ *Becken*
Er ist auferstanden. – *Tuch wird langsam weggenommen.* ♫ *Viele Beckenschläge mit Nachschlag*

Jesuskerze wird entzündet und auf gelbes Tuch gestellt.

Lied: Halleluja, es ist Ostern (Nr. 11)

Die Frauen können das zunächst gar nicht glauben. Sie sind voll Furcht. Sie sind erstarrt, erschrocken. Wortlos stehen sie da und versuchen zu begreifen, was ihnen der Engel gesagt hat.
Langsam löst sich ihre Erstarrung. Langsam beginnen sie zu

begreifen. Sie beginnen aufzuatmen. Sie richten sich auf. Sie fangen an, richtig aufzuleben. ♫ *Glockenspiel*
Ja, jetzt nehmen sie auch das Leben wahr, die Blumen, die Gräser, die Vögel und die anderen Tiere, die Sonne am Himmel.
Kinder stellen noch Blumen und Tiere auf die Wiese. – Meditative Musik
Frauen schauen sich um, sie leben auf, sie lachen und freuen sich.
Frauen zünden Kerzen an der Jesuskerze an und tragen sie zu den Jüngern.
In ihnen wird es ganz hell. Sie sind erfüllt von übergroßer Freude.
♫ *Becken*
Während Frauen laufen und dann rufen, singen wir im Hintergrund:

Lied: Hallelu (Tr 177)

1. Frau: Jesus lebt!
2. Frau: Ich kann es gar nicht fassen!
3. Frau: Kommt, diese frohe Botschaft müssen wir den anderen bringen!

Sie laufen ganz schnell nach Hause, zu den Freunden Jesu, zu Petrus, Jakobus, Johannes und wie sie alle heißen. Sie rufen laut:
1. Frau: Jesus ist nicht mehr tot.
2. Frau: Er lebt.
3. Frau: Er ist auferstanden.
Lied: Jesus Christus ist erstanden, 1. Str. (Nr. 17)

Die Freundinnen und Freunde können es aber gar nicht glauben, sie sind noch tieftraurig und mutlos. Da erzählen sie es:
1. Frau: Wir gingen zum Grab. Ein Engel, ein Bote Gottes, hat uns verkündet: Jesus ist auferstanden. Er lebt.
Lied: Jesus Christus ist erstanden, 1. Str. (Nr. 17)

Da laufen drei Jünger zum Grab. Sie waren mit Jesus auf dem Berg, als er leuchtete wie die Sonne, sie waren mit ihm im dunklen Garten, als er Angst hatte. Sie kommen zum Grab, sie schauen hinein, sie sehen die Tücher, die Binden, mit denen der Leichnam gewickelt war, aber ihn selbst finden sie nicht. Und sie glauben, was der Engel verkündet hat und was die Frauen erzählen:

Die Jünger entzünden auch Kerzen an der Jesuskerze und laufen im Kreis.

Lied: Jesus Christus ist erstanden, 1. Str. (Nr. 17)

Die Jünger verkünden überall und erzählen weiter, was geschehen ist.
1. Jünger: Jesus ist auferstanden.
2. Jünger: Er lebt.
3. Jünger: Er hat den Tod überwunden.

Die Botschaft verbreitet sich von Mann zu Mann, von Frau zu Frau, von Kind zu Kind.

▼ **Prozession**

Der Engel, die Frauen, die Jünger und alle GottesdienstteilnehmerInnen ziehen in einer Prozession nach draußen. Wir wollen die Osterfreude nach draußen tragen. Wir wollen es allen Menschen zurufen, so wie es die Frauen und die Jünger getan haben.

Lied zur Prozession: Verschiedene Osterlieder

Nach der Prozession werden die Kerzen in die Sonne gestellt. Alle setzen sich wieder hin.

▼ **Vaterunser**

Vater unser im Himmel ...

▼ **Friedensgruß**

Lied: Herr, gib uns deinen Frieden (Tr 293)

▼ **Schlussteil**

Schlussgebet
Gott, wir danken dir, dass Jesus von den Toten auferstanden ist.
Wir freuen uns, dass wir mit ihm leben dürfen.
Alles erstrahlt in neuem Licht.
Dunkelheit und Traurigkeit sind besiegt.
Wir dürfen auf alles Gute hoffen.
Wir dürfen mit Freude nach Hause gehen. Amen.

Schlusslied: Laudato si (Tr 141)

Jesus ist immer in unserer Mitte

Anlass/Themenkreis	Christi Himmelfahrt
Ziel	Die Kinder sollen erfahren, dass Jesus auch nach Auferstehung und Himmelfahrt im Geist weiterlebt
Vorbereitungen Materialien	Jedes Kind bringt von zu Hause eine Blume mit In der Mitte liegt eine Sonne (gelbes Tuch und Strahlen aus Papier/Karton) Jedes Kind bekommt ein Papierquadrat
	Bibel Meditationsmusik Jesuskerze Kleidung für Spiel (Freunde Jesu, Jesus) Kerzen mit Ständern oder Teelichter mit Gläsern Orffinstrumente: Trommel, Becken, Triangel, Bässe, Glockenspiel, Xylophon
Gottesdienstübersicht	Erinnerung an Osterfest
	Evangelium: Jesus erscheint seinen Jüngern (Joh 20,19–29) – mit Friedensgruß und Vertiefungshandlungen
	Gebet

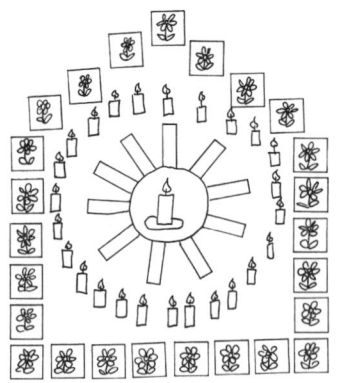

Gottesdienstverlauf

Lied: Sing mit mir ein Halleluja (Tr 328)

Begrüßung und Hinführung

Auf Sonne eingehen
Die Sonne haben wir jetzt schon viel erleben dürfen
Die Sonne wärmt, macht hell
Die Sonne lässt die Blumen und Bäume blühen
Die Sonne erinnert uns aber auch an Ostern, an das Fest der Auferstehung Jesu. Hinweis auf Geschichte von Frauen, die erst nicht die Sonne gesehen haben, aber nach dem Erlebnis am Grab dann die Ostersonne spürten.
Voller Freude erzählten sie allen Menschen weiter, dass Jesus lebt. Der Engel am Grab hat es ihnen gesagt. Christus, der Herr, ist auferstanden. Voller Freude wollen auch wir dies noch einmal laut singen:

Lied: Jesus Christus ist erstanden (Nr. 17)

Kreuzzeichen

Wir glauben, dass Jesus in unserer Mitte dabei ist, auch wenn wir ihn nicht sehen. Mit seinem Zeichen, dem Kreuz, wollen wir nun gemeinsam unseren Gottesdienst beginnen und miteinander beten: Im Namen des Vaters ...

Lied: Jesus Christus ist erstanden (Nr. 17)

Katechese

Die Kinder gestalten um die Sonne herum mit Papieren (als Bausteine) ein Haus. – Dazu Meditationsmusik
Wir deuten das Bild als Versammlungsbild und erzählen, wie sich die Freunde Jesu in dem Haus eingefunden haben, wo Jesus mit ihnen das letzte Abendmahl gefeiert hat. Auch als die Frauen kamen und gerufen haben: „Erwacht, erwacht, die helle Ostersonne lacht. Christus, der Herr, ist auferstanden", waren die Jünger in diesem Versammlungshaus. Aber die Freunde Jesu können es noch nicht ganz glauben, dass Jesus wirklich lebt. Manchmal

zweifeln sie und haben Angst. Dann verschließen sie ihre Türen und Fenster und verschließen sich auch selbst.
Wir stehen einmal auf und haken uns unter, verschließen uns.

Frohe Botschaft (I)

▼

Lied: In den Gedanken und Worten mein (Nr. 14)

Evangelium
Das Evangelium wird von Kindern gespielt.

Die Freunde von Jesus sitzen wieder einmal zusammen. Sie können nicht so recht glauben, dass Jesus wirklich vom Tod erstanden ist. Immer wieder zweifeln sie. ♪ *Trommel*
Glaubt ihr daran, dass Jesus wirklich vom Tod erstanden ist? Wir haben ihn doch gar nicht gesehen? ♪ *Trommel*
Ja, der Engel hat es uns gesagt, aber gesehen haben wir ihn nicht. ♪ *Trommel*
Aber die Frauen glauben doch auch daran, und Maria Magdalena hat ihn gesehen. Er hat doch mit ihr geredet, er hat sie beim Namen genannt. ♪ *Trommel*
Ach, wenn er doch hier wäre, hier bei uns! ♪ *Trommel*
Ich habe Angst, dass alles gar nicht wahr ist! ♪ *Trommel*
Ich auch. Wenn ich es doch nur glauben könnte! ♪ *Trommel*
Während sich die Freunde so unterhalten, voller Angst und Zweifel, da tritt einer in ihre Mitte durch die verschlossene Tür.
Jesus trägt die Jesuskerze und tritt ins Haus ein. ♪ *Becken*
Er ruft den Jüngern zu: Der Friede sei mit euch!
Die Jünger staunen, sie erschrecken, sie weichen zunächst zurück, doch dann zeigt Jesus ihnen seine Hände, mit denen er immer die Kinder gesegnet hat, ♪ *Triangel*
mit denen er Menschen geheilt hat, ♪ *Triangel*
mit denen er das Brot geteilt hat ♪ *Triangel*
und die am Kreuz verwundet wurden. ♪ *Triangel*
Er zeigt seine Seite, wo das Herz schlägt, wo die Liebe wohnt,
♪ *Triangel*
und ruft ihnen noch einmal zu: Der Friede sei mit euch!

Wir geben uns den Frieden Jesu weiter, indem wir uns an den Händen fassen und singen, so wie Jesus gerufen hat:

Lied: Herr, gib uns deinen Frieden (Tr 293)
Dabei läuft Jesus mit der Kerze langsam an allen Kindern vorbei.

Thomas war nicht bei den Freunden, als Jesus kam. Wir wissen nicht, wo er gerade war. Als er zu ihnen kommt, erzählen ihm die Freunde:
Wir haben den Herrn gesehen. Jesus war hier in unserer Mitte. Thomas aber glaubt ihnen nicht:
Wenn ich nicht seine Wunden an den Händen sehe und wenn ich meine Hände nicht an seine Seite lege, glaube ich nicht!
♫ *Trommel*
Ungläubig geht er nach Hause. ♫ *Bässe*
Acht Tage später sitzen die Jünger wieder zusammen. Diesmal ist auch Thomas bei ihnen. Die Türen und Fenster sind verschlossen. Da kommt Jesus, tritt in ihre Mitte und sagt:
Der Friede sei mit euch! ♫ *Becken*
Dann sagt er zu Thomas: Hier sind meine Hände mit den Wunden. Streck deine Hand aus und leg sie in meine Seite und sei nicht ungläubig, sondern gläubig. Ich bin es wirklich, Jesus, dein Herr, dein Freund! ♫ *Becken*
Thomas sagt zu ihm: Mein Herr und mein Gott, du bist es wirklich. ♫ *Becken*
Jesus aber sagt: Jetzt glaubst du, weil du mich gesehen hast. Selig sind die, die nicht sehen und doch glauben. ♫ *Becken*

Lied: Halleluja, es ist Ostern (Nr. 11)

Jedes Kind schmückt seinen Baustein des Hauses mit einer Blume. So entsteht ein österliches Haus, ein Haus, in dem die Liebe, die Freude, der Friede und auch der Glaube wohnen. – Dazu Meditationsmusik

▼

Viele Male zeigt sich Jesus seinen Freunden. Er redet mit ihnen. Er isst mit ihnen. Die Freunde Jesu freuen sich, dass er lebt, dass er bei ihnen ist. Doch nach einiger Zeit, als sie wieder einmal zusammensitzen, sagt Jesus zu ihnen:

Ich muss euch verlassen. Ich werde bald nicht mehr hier auf der Erde sein. Ich kehre heim zu meinem Vater im Himmel.

♪ *Glockenspiel-Glissando*

Ich lasse euch aber nicht allein. Ich werde euch jemanden schicken, der immer bei euch sein wird. Bleibt hier beisammen, bis ich euch die Kraft von oben schicke, eine Kraft, die euch alle Angst nimmt,

♪ *Glockenspiel*

die euch Mut macht, ♪ *Glockenspiel*

die euch ganz lebendig macht, ♪ *Glockenspiel*

die euch in Bewegung bringt. ♪ *Glockenspiel*

Ihr werdet euch dann an alles erinnern, was ich euch gesagt habe, was wir zusammen getan haben. In dieser Kraft werdet ihr dann hinausgehen in alle Welt und den Menschen von mir und von meiner Botschaft erzählen. ♪ *Becken*

Dann ging er mit seinen Jüngern aus der Stadt hinaus.

♪ *Xylophon, so lange, bis sie auf dem Berg angekommen sind.*

Nahe bei Jerusalem war ein Berg. Der hieß Ölberg. Dorthin gingen sie. Als sie auf dem Berg angekommen waren, nahm Jesus Abschied von seinen Freunden. Noch einmal sah er sie an, hob seine Hände und segnete sie, dann stieg er auf zum Vater im Himmel. ♪ *Glockenspiel-Glissando und Becken*

▼

Die Jesuskerze wird aus der Sonne genommen.

Jesus ist jetzt nicht mehr auf der Erde bei den Jüngern, bei den Freunden. Er ist jetzt im Himmel bei seinem Vater, bei Gott. Aber auch wenn wir ihn nicht sehen, wissen wir, dass er da ist. Er hat es seinen Freunden gesagt: „Ich lasse euch nicht allein, ich schicke euch eine Kraft, eine Mutmachkraft, eine Freudemachkraft, eine Friedemachkraft." An Pfingsten schickt uns Jesus diese Kraft. So ist er immer bei uns, auch wenn wir ihn nicht sehen und nicht spüren können. Er ist da, hier in unserer Mitte. Deshalb wollen wir jetzt kleine Kerzen an der Jesuskerze entzünden und um die Sonne stellen. Jesus gibt uns die Kraft des Lichtes, die Kraft der Liebe, der Freude, des Friedens weiter ...

Lied zum Kerzenentzünden: Hallelu (Tr 177)
Kinder tanzen zum Lied und stellen dann ihre Kerzen ab.

▼

Vater unser im Himmel ...

Vaterunser

▼

Schlussteil

Schlussgebet
Jesus, du bist auferstanden von den Toten.
Die Jünger durften dies immer wieder erleben.
Du kommst zu ihnen trotz verschlossener Türen und wünschst ihnen den Frieden.
Doch dann verabschiedest du dich von ihnen und kehrst heim zum Vater im Himmel.
Deinen Jüngern und auch uns schickst du eine Kraft. Du lässt uns nicht alleine.
Lass uns immer wieder spüren, dass du bei uns bist, auch wenn wir dich nicht sehen können.
Lass uns glauben, auch wenn wir nicht sehen. Amen.

Segen und Verabschiedung

Schlusslied: Laudato si (Tr 141)

Fest des Lebens

Anlass/Themenkreis	Pfingsten
Ziel	Kinder erfahren, dass Jesus im Heiligen Geist auch heute noch im Leben wirksam ist
Vorbereitungen Materialien	Jedes Kind bekommt ein Namensschildchen Ein goldener Reifen liegt schon in der Mitte
	Jesusbild (in zwei rote Tücher gehüllt) Jesuskind Jesuskerze, Kreuz Schwarze, blaue, rote, gelbe Tücher Marienfigur Orffinstrumente: Bässe, Glockenspiel, Trommel, Becken
Gottesdienstübersicht	Leben Jesu wird dargestellt
	Evangelium mit Situation der Jünger nach Jesu Tod; Erleben des Pfingstfestes (Joh 20,19–23; Apg 2,1–13)
	Gebet

Gottesdienstverlauf

Lied: Wir feiern heut ein Fest (Tr 1047)

▼

Hinweis auf den wertvollen Reifen, der in der Mitte liegt
Drei Kinder stellen sich abwechselnd in den Reifen.
Alle Kinder schließen jetzt einmal die Augen und denken sich
etwas in den Reifen hinein.
Das, was ihr euch jetzt vorgestellt habt, bleibt aber euer Geheimnis.
Ich habe jemanden mitgebracht, den ich in den Reifen legen möch-
te und den ihr auch kennt.
*Das Jesusbild ist in zwei rote Tücher gehüllt – wird hochgehalten
und in den Reifen gelegt.*
Kinder dürfen jetzt das Bild enthüllen.

▼

In Jesu Namen, dessen Bild wir gerade enthüllt haben, beginnen
wir unsere Feier und beten gemeinsam:
Im Namen des Vaters ...

▼

Rückblick auf das Leben Jesu
Ihr kennt alle Jesus und wisst, dass er in Bethlehem geboren ist.
Jesuskind wird von Kind nach vorne getragen.

Lied: Eines Tages kam ein junger Mann (Nr. 7)

Als Jesus ungefähr 30 Jahre alt war, hat er angefangen, zu predigen
und von Gott zu erzählen. Er hat den Leuten Mut gemacht, Freude
geschenkt, Liebe gegeben, Licht geschenkt, deshalb wollen wir die
Jesuskerze entzünden.
Jesuskerze wird nach vorne getragen. – Dazu singen wir:

Lied: Zündet an das helle Licht (Nr. 27)

Damals gab es auch Menschen, die Jesus nicht hineingelassen
haben, die ihr Herz und ihre Türen verschlossen haben.
Wir spielen Verschlossensein. ♪ Bässe langsam spielen

Begrüßung und Hinführung

Kreuzzeichen

Katechese

Jesus hoffte aber, dass die Menschen sich eines Tages öffnen würden.

Aber Gott sei Dank gab es auch viele Menschen, die sagten: Komm, Jesus, komm in unser Haus.
Wir spielen das Offensein. ♫ *Glockenspiel*

Lied: Öffnet eure Hände, Str. Herzen (Nr. 21)

Bevor Jesus gestorben ist, hat er zu seinen Freunden gesagt: Ich schicke euch einen Mutmacher, einen Freudemacher und einen Kräftemacher.

Dann ging er den schweren Kreuzweg und musste sterben, weil es Menschen gab, die ihn nicht mochten, die ihn verurteilten und ans Kreuz nagelten.
Das Kreuz wird nach vorne getragen. ♫ *Trommelschläge*
Nach dem Tod Jesu waren die Freunde von ihm versammelt, so wie auch wir hier versammelt sind. Deshalb nehmen wir jetzt unser Namensschild und legen es an den Reifen an. – *Kinder legen Namensschild an.*

Lied: Viele, viele Leute sind heut gekommen (Nr. 25)

Wir schauen auf das Bild in der Mitte. Vielleicht fällt uns dazu etwas ein?
Hinweis auf das Versammlungsbild
Auch wir geben uns die Hände und singen:

Lied: Viele, viele Leute sind heut gekommen (Nr. 25)

Frohe Botschaft

Lied: In den Gedanken und Worten mein (Nr. 14)

Evangelium, 1. Teil
Nachdem Jesus am Kreuz gestorben war, versteckten sich seine Jünger, weil sie Angst hatten.
Sie hatten keine Hoffnung und keine Freude mehr, denn Jesus war ja gestorben. Sie sagten zueinander:
Was sollen wir nun ohne Jesus machen? ♫ *Trommelschlag*
Jesus fehlt uns so! ♫ *Trommelschlag*
Ohne ihn geht nichts. ♫ *Trommelschlag*
Ich habe keinen Freund mehr. ♫ *Trommelschlag*

Ich bin so traurig.   ♪ *Trommelschlag*
Vorher, ja da war es schön.   ♪ *Trommelschlag*
Vor lauter Traurigkeit bauen sie eine Mauer um sich, sie verschließen sich, sie kehren sich in sich.
Wir legen aus schwarzen Tüchern eine Mauer um das Zeichenbild.

Maria, die Mutter von Jesus, ist auch bei den Freunden. – *Marienfigur wird in den Kreis gestellt.*
Sie sagt zu ihnen:
Lasst euch doch nicht so hängen, habt Hoffnung. Jesus hat euch doch versprochen, dass er euch nicht alleine lässt. Er hat doch gesagt, dass er, wenn er nicht mehr bei euch ist, wenn er bei seinem Vater im Himmel ist, dass er euch dann einen schickt, der euch tröstet, der euch Mut macht, der euch Freude und Kraft schenkt: Der Tröster, der Mutmacher, der Kräftemacher, der Freudemacher, der Heilige Geist, der euch Leben und Freude schenkt.

So sitzen die Freunde Jesu da und bekommen wieder etwas Mut und Hoffnung. Das, was Maria sagt, tut ihnen gut. Sie öffnen ihre Herzen, ihre Hände und beten und bitten darum, dass Gottes Geist kommen soll, dass er sie mit Leben, mit Kraft, mit Mut, mit Freude erfüllen soll.

Lied: Offen kommen wir zu dir (Nr. 22)

Evangelium, 2. Teil

Eines Tages aber, als die Jünger von Jesus wieder beisammen waren, da geschah etwas ganz Großartiges. Die Jünger spürten auf einmal eine Kraft in sich, die ihnen Mut machte. Und alle hörten einen gewaltigen Sturm, ein Brausen, das vom Himmel her kam. Die Jünger umarmten sich und fassten neuen Mut, weil auf einmal alle Angst und Trauer weggenommen war aus ihren Herzen. Sie standen auf und tanzten vor Freude und lobten Gott.
Dazu Orffbegleitung – mit blauen Tüchern spielen Kinder Sturm.
Die Tücher werden strahlenförmig an den Kreis gelegt.
Vor lauter Freude singen wir:

Lied: Hallelu (Tr 177)

Wir stellen uns auf, öffnen unsere Herzen, halten die Arme hoch und fassen uns dabei an den Händen.

Evangelium, 3. Teil

Die Jünger sahen Flammen von Feuer, weil sie selbst begeistert waren von Gottes Heiligem Geist, der in dieser Stunde auf sie herabgekommen war. Nichts hielt sie mehr in ihrer eigenen Gefangenheit, in ihrer Ohnmacht, sondern sie wurden herausgerissen und liefen auf die Straße und erzählten von Jesus. – *Kinder spielen mit gelben und roten Tüchern Feuerflammen.*

Die Jünger Jesu rufen allen Menschen auf der Straße zu:

Jesus ist auferstanden.	♪ *Beckenschlag*
Er hat den Tod durchdrungen.	♪ *Beckenschlag*
Er lebt.	♪ *Beckenschlag*
Er gibt uns seine Kraft.	♪ *Beckenschlag*
Er gibt uns seinen Mut.	♪ *Beckenschlag*
Er gibt uns seine Freude.	♪ *Beckenschlag*
Er gibt uns sein Licht und seine Liebe.	♪ *Beckenschlag*

Kinder legen rote Tücher als Zeichen des Feuers und der Begeisterung strahlenförmig zwischen blaue Tücher.

Deutung

Hinweis auf das bunte Pfingstrad in der Mitte
Pfingsten ist ein buntes Fest, es kommt etwas in Bewegung (Rad)
Licht, Leben strömt über die dunkle Mauer hinweg ...

Vaterunser ▼

Vater unser im Himmel ...

Friedensgruß ▼

Lied: Herr, gib uns deinen Frieden (Tr 293)

Schlussteil ▼

Schlussgebet

Guter Gott,
es ist deine Kraft, die uns froh macht.
Es ist dein Licht, das in uns eindringt.
Es ist dein Geist, der uns erfüllt.
Lass uns von dir begeistert sein,
lass uns dich zu den Menschen tragen:
deine Liebe, deinen Frieden, deine Freude. Amen.

Schlusslied: Geh mit uns (Tr 724)

Maria, die Mutter des Herrn

(Eventuell in Auswahl)

Anlass/Themenkreis	Gottesdienst im Mai, Muttertag
Ziel	Die Kinder sollen Maria näher kennen lernen
Vorbereitungen Materialien	Grüne Tücher mit Blumen liegen in der Mitte Marienfigur Bibel Gelbes Tuch, Stroh, braunes Tuch, Steine, Tannenzapfen, Bausteine, Kreuz, gelbe und rote Tücher als Flammen/Feuerzungen, roter Mantel 7 Kerzen Bilder: Engel und Maria, Mutter Maria, Maria auf der Flucht, 12-jähriger Jesus im Tempel, Maria unterm Kreuz, Pfingsten, Schutzmantelmadonna
Gottesdienstübersicht	Hinführung: Mutter Maria

Evangelien zum Leben Mariens
1. Lk 1,26–38 / 2. Lk 2,6–7 / 3. Mt 2,13–15 / 4. Lk 2,41–52 / 5. Joh 19,25 / 6. Apg 2,1–13

Gebete bei den einzelnen Szenen

Gottesdienstverlauf

Lied: Laudato si (Tr 141)

**Begrüßung und
Hinführung**

Im Frühjahr, wenn es überall zu leben beginnt, die Blumen, Bäume und Gräser grünen und blühen und wir auch unserer Mutter am Muttertag danke sagen für all das Liebe, was sie jeden Tag für uns tut – in dieser Zeit denken wir an Maria, die Mutter von Jesus.
Wir wollen heute einiges von dieser Frau, von dieser Mutter, erfahren. Sie hat vieles mitgemacht und erlebt, was auch wir immer wieder erleben. Vieles in ihrem Leben kann auch für uns ganz wichtig sein.

Kreuzzeichen

Wie immer wollen wir das Kreuzzeichen über uns machen und gemeinsam beten:
Im Namen des Vaters ...

Katechese

Hier in unserer Mitte sehen wir eine Wiese mit Blumen – das blühende Leben. In diese Mitte hinein wollen wir Maria stellen. Sie ist heute unsere Mitte, umgeben von den schönen Blumen und blühenden Zweigen, umgeben vom Leben, das sie selbst schenkt.
Maria wird im Kreis getragen und in die Mitte gestellt.
Wenn wir etwas über Maria erfahren wollen, dann müssen wir in die Bibel schauen und darin lesen. Hier stehen verschiedene Geschichten von Maria, die wir heute hören wollen.

Frohe Botschaft

Lied: In den Gedanken und Worten mein (Nr. 14)

1. DER ENGEL GRÜSST MARIA

Wir legen ein Haus (gelbes Tuch) an die Wiese.
Wir sehen ein Haus. Es ist ein kleines, schlichtes Haus. Das Haus ist offen. Es ist still. Maria wohnt in diesem Haus. Auch sie ist offen wie eine Schale.

Wir zeigen das entsprechende Bild, dazu lesen wir das Evangelium.
Wir hören von Maria:

Evangelium

Maria ist fromm, sie liebt Gott und freut sich an ihm. Sie sitzt in ihrem Haus und ist offen. Sie betet.

Da tritt plötzlich ein Engel ein, der Engel Gabriel, und grüßt sie: Gegrüßet seist du, Maria, du bist voll der Gnade, der Herr ist mit dir.

Du sollst ein Kind empfangen, dem sollst du den Namen Jesus geben. Von Gott wird er kommen, durch Gottes heiligen Geist. Sohn Gottes wird er genannt werden.

Maria sagt: Ja, ich bin die Magd des Herrn, mir geschehe, wie du es gesagt hast.

Das Bild wird im Kreis getragen und in das Haus gelegt.

Lied: Öffnet eure Hände, hier: Herz (Nr. 21)

Wir beten

Heilige Maria, wir bitten dich für alle Mütter, die ein Kind erwarten,

für alle Kinder, dass sie gut zur Welt kommen.

Liedruf: Mutter Gottes, wir rufen zu dir

Licht entzünden und zum Bild stellen.
Heilige Maria, wir bitten dich für uns alle,
dass wir gern auf das hören, was Gott uns sagt, und es auch tun. –
Liedruf

2. MARIA WIRD MUTTER

Stroh wird an das Tuch gelegt.
Wir sehen Stroh auf der Erde liegen. Solches Stroh geben wir den Tieren als Futter. Im Stall ist manchmal eine Krippe, in die das Stroh hineingelegt wird.

Wir zeigen das entsprechende Bild, dazu lesen wir das Evangelium.
Wir hören von Maria und Jesus:

Evangelium

Als die Zeit gekommen war, dass Maria ihr Kind, das Jesuskind, zur Welt bringen sollte, da musste sie mit Josef nach Betlehem ziehen. Doch in dem Dorf war kein Platz für sie. Sie brachte Jesus in einem Stall zur Welt, wickelte ihn in Windeln und legte ihn in eine Futterkrippe. Er ist das Licht in der Dunkelheit. Er ist der Heiland, der Frieden bringt. Er ist unser Freund und Bruder.
Das Bild wird im Kreis getragen und zum Stroh gelegt.

Lied: Ein Kind will zu uns kommen (Nr. 6)

Wir beten

Heilige Maria, wir bitten dich für alle Mütter und Väter, dass sie ihren Kindern viel Liebe und Geborgenheit schenken. –
Liedruf
Licht entzünden und zum Bild stellen.
Heilige Maria, wir bitten dich für alle Eltern, die ihre Kinder unter schweren Bedingungen zur Welt bringen müssen. – *Liedruf*

3. MARIA FLIEHT MIT JESUS

Ein Weg mit Steinen und Zapfen wird gelegt.
Wir sehen einen Weg. Wir gehen täglich viele Wege: zur Arbeit, in den Kindergarten, in die Schule, zu Freunden und Bekannten. Wir kommen dann auch wieder nach Hause. Das ist schön.
Wir wissen aber auch, dass manche Menschen von zu Hause weggehen müssen, sie werden weggetrieben, sie dürfen nicht mehr zu Hause bleiben, sie werden verjagt, sie müssen fliehen und haben große Angst.

Wir zeigen das entsprechende Bild, dazu lesen wir das Evangelium.
Wir hören von Maria:

Evangelium

Maria und Josef sind mit dem Jesuskind auf der Flucht. Noch in der Nacht machen sie sich auf den Weg. Sie fliehen vor dem bösen König Herodes. Er will Jesus töten.
Das Bild wird im Kreis getragen und zum Weg gelegt.

Lied: Geh mit uns auf unserm Weg (Tr 724)

Wir beten
Heilige Maria, wir rufen zu dir für alle Flüchtlinge,
die weggejagt werden und die kein Zuhause mehr haben. – *Liedruf*
Licht entzünden und zum Bild stellen.
Heilige Maria, wir rufen zu dir für alle Menschen,
die gehasst werden, denen man Böses tun will. – *Liedruf*

4. MARIA SUCHT JESUS

Wir legen aus Steinen einen Tempel.
Wir sehen ein kostbares Haus, einen Tempel, das Haus Gottes. In
diesem Haus ist es hell, dort ist es gut.

Wir zeigen das entsprechende Bild und lesen dazu das Evangelium.
Wir hören von Maria:

Evangelium
Jesus wird älter, er wird ein Junge wie ihr und noch ein paar Jahre
älter. Als er zwölf Jahre alt geworden ist, kommt ein großer Tag.
Er darf mit seinen Eltern Maria und Josef nach Jerusalem reisen,
zum Tempel, zum Haus Gottes. Viele Menschen, auch die Verwandten, ziehen mit.
Doch dann kommt die Stunde, dass sie wieder zurückwandern
müssen. Und Jesus ist nicht bei Maria und Josef. Sie denken, er
wird wohl bei den Verwandten sein, er ist ja alt genug, er kennt
sich aus.
Doch am Abend bekommen Maria und Josef Angst. Sie suchen
Jesus bei den Verwandten, sie finden ihn nicht. Jesus ist ver-
schwunden.
Da kehren sie nach Jerusalem zurück. Sie suchen ihn überall.
Nach drei Tagen finden sie ihn im Tempel. Er sitzt unter den Leh-
rern, unter den Weisen und Priestern, er spricht mit ihnen, er stellt
ihnen Fragen und gibt Antworten.
Maria sagt: Kind, warum hast du uns das angetan? Wir haben dich
mit Angst und Schmerzen gesucht.
Jesus antwortet:
Ich muss doch im Haus meines Vaters sein.
Das Bild wird im Kreis getragen und zum Tempel gelegt.

Lied: Aufstehn, aufstehn (Nr. 1)

Wir beten
Heilige Maria, wir bitten dich für alle Eltern,
die ihre Kinder suchen und sich Sorgen machen. – *Liedruf*
Licht entzünden und zum Bild stellen.
Heilige Maria, wir bitten dich für alle Kinder und Eltern: dass wir
gerne zum Haus des Herrn gehen und Gott nicht vergessen. –
Liedruf

5. MARIA STEHT UNTER DEM KREUZ

Ein Kreuz wird an das Tuch gelegt.
Das Kreuz erinnert uns an Jesus. Er ist für uns am Kreuz gestorben. Das Kreuz hängt in unserer Kirche, in unseren Häusern oder
steht an einer Wegkreuzung oder auf einem Berg.

Wir zeigen das entsprechende Bild und lesen dazu das Evangelium.
Wir hören von Maria:

Evangelium
Wir schauen auf das Bild. Wir sehen das Kreuz und Jesus am
Kreuz. Unter dem Kreuz steht Maria. Sie ist ein Leben lang mit
Jesus gegangen. Sie hat ihn nie verlassen. Jetzt ist sie traurig und
weint. Sie sieht Jesus, ihren Sohn, am Kreuz sterben.
Das Bild wird im Kreis getragen und zum Kreuz gelegt.

Lied: Dunkelheit zieht herauf (Nr. 4)

Wir beten
Heilige Maria, wir bitten dich für alle, die ein schweres Kreuz tra-
gen und viel leiden müssen. – *Liedruf*
Licht entzünden und zum Bild stellen.
Heilige Maria, wir bitten dich für alle, denen Unrecht geschieht. –
Liedruf

6. MARIA BITTET UM DEN HEILIGEN GEIST

Wir legen mit roten und gelben Tüchern eine Feuerzunge.
Wir sehen eine Flamme, eine Feuerzunge. Das Feuer ist auch das
Zeichen für den Heiligen Geist, für die Kraft Gottes. Den Heiligen

Geist können wir auch verstehen als Mutmacher, Kräftemacher, Freudemacher und Hoffnungsmacher. Wenn wir von etwas begeistert sind, sagen wir auch: Wir sind Feuer und Flamme.

Wir zeigen das entprechende Bild und lesen dazu das Evangelium. Wir hören von Maria.

Evangelium

Einige Zeit nach dem Osterfest ist Jesus in den Himmel aufgefahren. Jesus ist zu Gott, seinem Vater im Himmel, zurückgekehrt. Maria ist mit den Freunden versammelt. Sie beten. Sie haben offene Hände, sie haben ein offenes Herz und warten. Sie rufen: Jesus, schenk uns den Mutmacher, den Kräftemacher, den Freudemacher, schenk uns deinen Heiligen Geist. Gib uns die Kraft von oben. Gib uns den Heiligen Geist, damit wir ganz eng mit dir verbunden sind. Auf einmal kommt die Kraft Gottes, der Heilige Geist, wie ein Feuer auf alle herab. Die Freunde und Maria sind begeistert, sind voller Kraft und Leben. Sie spüren, Jesus ist ihnen ganz nahe.
Das Bild wird im Kreis getragen und zur Flamme/Feuerzunge gelegt.

Lied: Offen kommen wir zu dir (Nr. 22)

Wir beten

Heilige Maria, wir bitten dich, hilf uns,
dass wir so wie du Gottes Kräftemacher, Mutmacher, Freudemacher spüren, dass wir erfüllt sind vom Heiligen Geist. – *Liedruf Licht entzünden und zum Bild stellen.*
Heilige Maria, wir bitten dich,
dass andere Menschen etwas von unserer Begeisterung spüren. – *Liedruf*

7. MARIA, BREIT DEN MANTEL AUS

Ein roter Mantel wird an das Tuch gelegt.
Wir sehen einen Mantel. Der Mantel wärmt. Wenn wir allein sind, ist es schön, wenn jemand kommt und sagt: Ich hülle dich ein. Ich wärme dich. Du brauchst nicht allein zu sein.

Wir zeigen das entsprechende Bild und erzählen dazu:

Maria, du stehst da als Königin. Du hast einen kostbaren Mantel. Weit breitest du ihn aus. Unter deinem Mantel haben alle Platz, die dich als Mutter kennen, die zu dir kommen, die dich lieben und dir vertrauen. Du schenkst Geborgenheit und Schutz. Dir dürfen wir es sagen, wenn es uns gut geht, und wenn wir Sorge haben, in Not sind. Maria, du bist uns eine gute Mutter.
Das Bild wird im Kreis getragen und zum Mantel gelegt.

Lied: Maria, breit den Mantel aus, nur erste Zeile (GL 595)

Wir beten
Heilige Maria, breite deinen Mantel aus über unsere Stadt/unser Dorf und über unsere Familien. – *Liedruf*
Licht entzünden und zum Bild stellen.
Heilige Maria, schenk uns deine Geborgenheit und deinen Schutz. – *Liedruf*

Zusammen-fassung

Wir schauen auf unser Bild. Wir haben viel vom Leben Marias gehört. Sie ist offen für die Botschaft, sie bringt Jesus zur Welt, sie ist auf der Flucht und hat Angst, sie ist auf der Suche nach Jesus und sorgt sich um ihn, sie geht mit ihm den schweren Kreuzweg, sie glaubt an den Heiligen Geist und ermutigt die Apostel, sie gibt allen Menschen Schutz und Geborgenheit. Maria ist eine großartige Frau, sie strahlt wie die Sonne, sie leuchtet wie ein Stern. Sie schenkt Licht und Wärme. Sie zeigt uns den Weg zu Jesus, zu Gott.

Vaterunser

Vater unser im Himmel ...

Schlussteil

Schlussgebet
Lieber Gott,
wir haben das Leben von Maria betrachtet.
Als Jesu Mutter hat sie mit ihm Freud und Leid geteilt.
Lass auch uns wie Maria an die frohe Botschaft glauben,
damit unser Leben gelingt.
Amen.

Schlusslied: Mutter Maria (Tr 530)

Die wunderbare Brotvermehrung

Anlass/Themenkreis	Fronleichnam
Ziel	Die Kinder sollen erfahren, dass sie durch Teilen Gemeinschaft erfahren
Vorbereitungen Materialien	Im Gottesdienstraum sind mit Tüchern bereits ein Berg, Wasser und Wiese aufgebaut. Außerdem steht ein kleiner Tisch mit Tischdecke in der Mitte
	Bibel
	Jesuskerze, Ikone, Herz, Wasser, Brot Kleidung für Spiel (Jesus, Kind, mehrere Jünger) Korb mit Brot Spielzeug, Schulheft, Uhr
Gottesdienstübersicht	Symbole für Jesus werden auf den Tisch gebracht
	Evangelium: Brotvermehrung (Mk 6,30–44) Brot teilen und essen
	Gebet

Gottesdienstverlauf

Lied: Wir feiern heut ein Fest (Tr 1047)

Begrüßung und Hinführung ▼

In jedem Gottesdienst erfahren wir Gemeinschaft mit Gott und untereinander. Es ist schön, wenn man nicht allein ist. Dann kann man miteinander spielen, reden und auch gemeinsam essen. Heute erleben wir eine Geschichte, in der viele Menschen miteinander essen wollten – aber es war nicht genug für alle da. Erst als Jesus mithilft, gibt es genug für das Leben der Menschen.

Kreuzzeichen ▼

In Jesu Namen und mit seinem Zeichen beginnen wir unseren Gottesdienst und beten miteinander:
Im Namen des Vaters ...

Katechese ▼

Kinder bringen die unten genannten Zeichen für Jesus in die Mitte, laufen damit im Kreis und stellen sie anschließend auf dem Tisch ab. Andere Kinder lesen dazu folgende Texte:

Ja, Jesus ist hier in unserer Mitte. Wir haben uns hier versammelt, weil wir ihm nahe sein wollen. Wir sehen Jesus nicht, aber wir wissen, dass er bei uns ist. In verschiedenen Zeichen, die wir jetzt in unsere Mitte holen, wollen wir ihn erfahren.

Jesuskerze
Jesus, du bist das Licht der Welt.
Du machst unser Leben hell und warm.
Liedruf: Jesus, du bist für uns das Licht (Nr. 16)

Ikone
Wir sehen ein Bild von dir.
Du schaust die Menschen mit Liebe an.
Liedruf: Jesus, du bist für uns das Licht, hier: Freude, 4. Str. (Nr. 16)

Herz
Jesus, du hast ein großes, weites Herz für alle Menschen.
Liedruf: Jesus, du bist für uns ... hier: die Liebe (Nr. 16)

Wasser

Jesus, du bist das lebendige Wasser.

Du erfrischst und machst rein.

Liedruf: Jesus, du bist für uns ..., hier: das Wasser (Nr. 16)

Brot

Jesus, du bist das Brot des Lebens.

Du machst die Menschen satt.

Liedruf: Jesus, du bist für uns ..., hier: das Brot, 2. Str. (Nr. 16)

Jesus, in verschiedenen Zeichen bist du jetzt hier in unserer Mitte. Du bist unser Licht, du schaust uns an, du bist die Liebe, das Wasser, das Brot. Wo du bist, ist Leben. Wo du bist, geht es uns gut. In der Bibel erfahren wir etwas über dich und Gott. So wollen wir dann auch die Bibel als Zeichen hier in unsere Mitte legen.

▼

Lied: In den Gedanken und Worten mein (Nr. 14)

Kinder spielen das Evangelium von der wunderbaren Brotvermehrung.

Jesus will sich zusammen mit seinen Freunden ausruhen. Er ist müde von der Arbeit. So steigt er in ein Boot und fährt an einen einsamen Ort. Dort möchte er alleine sein. Doch die Menschen sehen, wohin er fährt, und weil Jesus ein Gottesmann ist, weil sie schon viel Gutes von ihm gehört haben, wollen sie gerne bei ihm sein. So gehen sie ihm nach und versammeln sich um ihn. 5000 Männer waren es, dazu viele Frauen und Kinder.

Alle Kinder kommen nach vorne und setzen sich auf den Boden mit dem Liedruf:

Lied: Wo zwei oder drei (Tr 95)

Was soll Jesus jetzt machen? Soll er die Menschen wieder heimschicken und sagen: Ich hab keine Zeit, ich bin zu müde? Nein, das tut er nicht! Jesus schickt nie jemanden weg, der ihn braucht. Jesus spürt, sie haben Hunger. Nicht ihr Bauch hungert, den Hunger können sie selber stillen. Nein, ihr Herz hungert, das Herz der Menschen. Es hungert nach Freude. Es hungert danach, geliebt zu werden. Es hungert nach Glück. Es hungert nach Gott. Jesus weiß

um den Hunger der Herzen. Er kann ihn stillen. Er nimmt sich Zeit. Er erzählt den Menschen von Gott:
Gott ist wie ein guter Vater, wie eine gute Mutter. Er liebt alle Menschen, die Großen und die Kleinen, die Kranken und die Gesunden, die Armen und die Reichen. Gott ist so gut.
Die Menschen hören Jesus zu. Es tut ihnen gut, von Gott zu hören. Sie atmen auf.
Jesus betet auch mit ihnen und er singt mit ihnen ein frohes Loblied an Gott:

Lied: Hallelu (Tr 177)

Dann wird es Abend. Die Freunde Jesu sagen: Herr, du hast die Leute satt gemacht im Herzen. Doch jetzt schick sie nach Hause! Sie müssen auch im Bauch satt werden. Sie haben Hunger.
Jesus sieht die Freunde an. Vielleicht lacht er sie an. Richtig. Ich habe die Herzen satt gemacht. Jetzt macht ihr ihren Bauch satt. Gebt ihnen zu essen.
Die Jünger schauen sich verwundert an: Wir haben doch nichts zu essen. Woher sollen wir etwas nehmen? Sie gehen herum und fragen die Menschen: Hast du etwas zu essen? Hast du etwas mitgebracht? Aber wir kennen das ja: Wenn man teilen soll, hat niemand etwas. Jeder sagt: Ich hab nichts zu verschenken. Da finden sie ein Kind, das etwas hat und das bereit ist, zu geben: fünf Brote und zwei Fische. Sie bringen das Kind zu Jesus. Keiner hat etwas dabei, nur dieses Kind hier, das ist bereit zu teilen. Jesus sieht das Kind mit Liebe an, weil es bereit ist zu teilen.
Was tut Jesus jetzt? Er nimmt das Brot in die Hand, hebt es zum Himmel empor. Er dankt Gott für das Brot und für die Fische. Danke, guter Gott, für das Brot und für die Fische! Er breitet seine Hände über das Essen und segnet es. Dann lässt Jesus das Brot austeilen und ein Wunder beginnt. Alle fangen zu teilen an, ein jeder, was er hat: Brot, Fisch, Früchte.
Wir essen das Brot miteinander.

Keiner geht leer aus. Jeder wird satt. Alle spüren. Ein Wunder ist geschehen. Das Himmelreich ist unter uns. Gottes Reich ist bei uns. Voller Freude und Dankbarkeit gehen sie an diesem Abend nach Hause. Jesus hat sie im Herzen und im Bauch satt gemacht.

Jesu Liebe hat sie angesteckt, hat sich ausgebreitet.

Lied: Du hast uns, Herr, gerufen (Tr 217)

Kinder gehen auf ihre Plätze zurück.

▼

Fürbitten

Leser bringen Zeichen nach vorne, die zum Berg gelegt werden. Nach jeder Bitte singen wir:

Ruf: Herr, erbarme dich (Tr 106)

KIND MIT SPIELSACHEN:
Guter Gott, so wie Jesus das Brot mit den Menschen geteilt hat, so lass uns im Kindergarten Spielsachen miteinander teilen.

KIND MIT SCHULHEFT:
Guter Gott, so wie Jesus das Brot mit den Menschen geteilt hat, so lass uns in der Schule den anderen helfen und unser Wissen miteinander teilen.

ELTERNTEIL MIT UHR:
Guter Gott, so wie Jesus das Brot mit den Menschen geteilt hat, so lass uns in der Familie Zeit füreinander haben und Liebe weiterschenken.

KINDERGOTTESDIENST-MUTTER:
Guter Gott, so wie Jesus das Brot mit den Menschen geteilt hat, so will ich mich selbst in der Gemeinde mit meinen Talenten und Fähigkeiten einbringen.

▼

Vaterunser

Vater unser im Himmel ...

▼

Friedensgruß

Lied: Herr, gib uns deinen Frieden (Tr 293)

▼

Schlussteil

Schlussgebet
Gott, wir danken dir für Jesus.
Er ist unsere Mitte.
Er ist bei uns im Brot.
Er ist unsere Nahrung.

Er macht uns alle satt.
Lass auch uns Brot füreinander sein,
indem wir teilen und offen für die Gemeinschaft sind.
Amen.

Segen

Schlusslied: Gottes Liebe (Nr. 8)

Ich lebe mein Leben zu jeder Zeit

Anlass/Themenkreis	Kindergarten, Schuljahrsende
Ziel	Kinder erkennen, dass jede Zeit wichtig und gut ist
Vorbereitungen Materialien	Große Baumscheibe – verhüllt in Tuch Baumscheiben für jeden Teilnehmer/jede Teilnehmerin Weiße, gelbe, rote, grüne, braune Tücher Bunte Tülltücher Herbstblätter und Sommerblätter, evtl. aus Papier; Äpfel Zu den vier Jahreszeiten passende Musik
Gottesdienstübersicht	Baumscheibe entdecken und erfahren

Wachstum des Baumes wird auf menschliches Leben übertragen

Geschichte: Alles hat seine Zeit

Auslegung

Danksagungen

Gebet

Gottesdienstverlauf

Lied: Viele, viele Leute sind heut gekommen (Nr. 25)

Begrüßung und
Hinführung

▼

Wir geben eine verhüllte Baumscheibe von Kind zu Kind.
Die verdeckte Baumscheibe wird in die Mitte gelegt. Ein Kind
deckt sie auf.
Wir teilen Baumscheiben an alle Kinder und Erwachsene aus.
Jeder von euch hält eine Baumscheibe in der Hand.
Diese Baumscheibe ist ein Stück von einem großen Baumstamm,
ein Stück eines Baumes.

Diese Baumscheibe kann uns viel erzählen:
Ich bin rund. Ich habe Ringe. Ich habe eine Rinde. Ich habe einen
Kern. Ich war einmal ein Baum. Ich habe Äste, Zweige, Blätter,
Blüten und Früchte getragen.
Ich habe mich langsam entwickelt, ich bin aus einem kleinen
Samenkorn gewachsen. Aus dem schwachen Stängel wurde ein
starker Baumstamm. Jedes Jahr wurde ich dicker und fester. Jedes
Jahr hat sich ein neuer Ring um den Stamm gelegt.
Die Ringe erzählen von meinem Alter. Kein Ring gleicht dem ande-
ren. Manche sind dünner, manche breiter, jeder Ring hat eine
andere Form. Sonne, Regen und guter Boden sind nicht gleich-
mäßig da. Gab es wenig Sonne, Regen und guten Boden, dann ist
der Ring nur klein. Gab es viel Sonne, Regen und guten Boden,
dann ist der Ring breiter.
Verborgen in den Jahresringen liegt meine vergangene Zeit, die
Zeit, die ich schon gelebt habe. Wir können zählen, wie alt ich bin,
wenn wir meine Ringe zählen.

Wir können uns mit einem Baum vergleichen.
Auch wir leben und wachsen Jahr für Jahr wie ein Baum.
Wir möchten groß werden wie ein Baum, stark und kräftig.
Auch wir haben Wurzeln – unsere Familie, Freunde, ja Gott gibt
uns immer wieder Halt und Kraft, aus der wir leben können.
Wir möchten auch gute Früchte bringen wie ein Baum, gute
Gedanken, gute Worte und gute Taten.

Wie viele Jahresringe hat unser Baum? Drei, vier, fünf oder sechs? Nicht alle Jahresringe sehen gleich aus. Jeder von uns hat sein Leben bis jetzt anders gelebt.

Drei Jahresringe lebten wir zu Hause in der Familie. Dann vielleicht im Kindergarten, in der Schule.

Unser Baum wird noch viele Jahresringe dazubekommen. Wie werden sie aussehen?

Wie wird unser zukünftiges Leben im Kindergarten, in der Schule, in Beruf und Familie aussehen?

Es gab und es gibt immer wieder gute und schlechte Zeiten, Schönes und weniger Schönes, manches fällt uns leicht, manches fällt uns schwerer. Wichtig ist es, dass wir alle Zeiten, die es gab und die es gibt, annehmen können, so wie sie sind und sein werden, denn alles hat seine Zeit, und jede Zeit ist wichtig und gut für unsere Entwicklung.

Für all das Schöne und weniger Schöne wollen wir Gott mit unserem Loblied danke sagen:

Lied: Hallelu (Tr 177)

▼

Geschichte

Wird von Kindern gespielt. Vier Kinder stellen sich – als Baum – mit dem Rücken aneinander. Bei den verschiedenen Jahreszeiten halten sie Tücher oder Blätter in den Händen. Andere Kinder spielen die Jahreszeiten mit Gesten und Tüchern. Die Jahreszeiten werden mit entsprechender Musik untermalt. Auch die Bienen und die Sonne werden von Kindern gespielt. Die Handlungen sind der Geschichte zu entnehmen.

Alles hat seine Zeit

Es war einmal eine kleine Pflanze. Sie wurde im Laufe der Jahre größer und größer und wuchs langsam zu einem kleinen Baum heran. Alles, was auf den Baum zukam, war neu für ihn. Wie wird sein Leben aussehen, was wird er alles erleben und durchmachen? Wird er glücklich und zufrieden sein?

Eines Tages kam der Herbst. Er färbte die Blätter des Baumes bunt. Der Herbstwind rüttelte und schüttelte die Äste durcheinander. Der Wind pfiff um das bunte Blätterdach. Der Baum spürte, dass er bald seine Blätter verlieren würde. Es dauerte nicht lange, da fiel ein Blatt nach dem anderen vom Baum.

Da dachte sich der Baum: „Was ist das für ein Leben? Warum fallen meine schönen Blätter einfach ab? Warum kann ich sie nicht behalten?"

Vor lauter Ärger ließ er seine Äste und Zweige hängen. Er wollte kein Baum mehr sein.

Im *Winter* spürte er, wie die Kälte in seine Astritzen kroch. Er fror und zitterte, als der Schnee sich auf seinen Ästen niederließ. Alles um ihn herum war weiß, kalt, starr. Kein Leben war zu sehen.

Da dachte sich der Baum: „Was ist das für ein Leben? Warum muss ich diese Kälte nur ertragen?"

Vor lauter Ärger ließ er seine Äste und Zweige hängen. Er wollte kein Baum mehr sein.

Als im *Frühling* die ersten Sonnenstrahlen den Schnee schmolzen und die Natur langsam wieder zu leben begann, da bekam auch der Baum wieder neue Blätter. Eine Blüte nach der anderen begann an seinen Ästen zu erblühen. Bienen kamen, um Honig aus den Blüten zu saugen. Das ärgerte den Baum.

Der Baum dachte: „Was ist das für ein Leben? Warum lassen mich die Bienen nicht in Ruhe? Was wollen die nur von mir?"

So verscheuchte er mit seinen Ästen die kleinen Tiere.

Vor lauter Ärger ließ er seine Äste und Zweige hängen. Er wollte kein Baum mehr sein.

Im *Sommer* wurde sein Blätterdach immer dichter. Die Sonne schien sehr warm auf den Baum herab. Er schwitzte sehr. Kinder kamen, um unter ihm zu spielen oder sich in seinem Schatten auszuruhen.

Der Baum dachte: „Was ist das für ein Leben? Ich muss schwitzen und die Sonne aushalten und die Kinder machen es sich gemütlich unter meinem Blätterdach?

Wie lästig sind sie doch!"

Der Baum ließ vor lauter Ärger seine Äste hängen. Und weil er nie Freude empfand, weil er nie zufrieden war, wuchsen an ihm auch keine Früchte.

All die anderen Bäume um ihn herum, die er die ganze Zeit gar nicht wahrgenommen hatte, waren übervoll mit den schönsten Früchten.

Als er das sah, wurde er schon wieder böse und sagte: „Warum haben die alle Früchte und ich nicht? Was ist das nur für ein Leben?"

Nun stand der Baum ganz alleine ohne Früchte da, zornig und verärgert, ja sogar ein bisschen traurig. Er begann bitterlich zu weinen.

Als der Baum lange geweint hatte, schlief er vor Ermüdung ein und begann zu träumen.

Im Traum zog an ihm noch einmal das vergangene Jahr vorbei.

Er spürte den Herbstwind in seinen Ästen. Er rüttelte und schüttelte den Baum. Die Krone beugte sich, doch der Baum fiel nicht um. Er stand fest verwurzelt. Er sah die bunten Farben der Blätter, er schaute ihnen nach, wie sie sich von seinen Ästen lösten und zu Boden fielen.

Doch diesmal war der Baum glücklich über seine Veränderung im Herbst.

Bunte Herbsttücher und Blätter werden um die Baumscheibe gelegt.

Er genoss auch die Ruhe des Winters, um wieder neue Kraft für den Frühling zu sammeln. Die Kälte und der Schnee machten ihm nichts mehr aus. Er war glücklich über diese ruhige, stille Zeit des Winters.

Weiße Tücher werden um Herbsttücher gelegt.

Ihm gefiel dann auch im Frühling das Kitzeln der Sonne in seinen Astspitzen. Er staunte über das langsame Wachsen und Grünen seiner Blätter, über das Aufgehen der Blüten. Er sog den Duft der Blüten in sich ein. Er freute sich sogar über den Besuch und das Summen der Bienen. Er war glücklich über das neue Leben im Frühling.

Blätter und Tülltücher als Blüten werden um weiße Tücher gelegt.

Im Sommer war er stolz, dass er mit seinem dichten grünen Blätterdach die Sonne für die spielenden Kinder abhalten konnte. So streckte er seine Blätter dem Himmel, der Sonne entgegen. Er schaute den Kindern beim Spielen zu und war froh, dass er diesen eine Freude machen konnte.

Er war glücklich, ein Baum zu sein. Er spürte, dass jede Jahreszeit wichtig und gut ist, auch wenn man es nicht immer gleich wahrnimmt.

Gelbe Tücher und Blätter werden in Dreiecksform um das Bild gelegt.
Er spürte, dass alles seine Zeit hat, im Frühling, im Sommer, im Herbst und im Winter.

Als der Baum das erkannte, lächelte er im Traum. Ja, er war überglücklich und zufrieden. Voller Freude öffnete er die Augen und siehe da:
An ihm wuchsen wunderschöne Früchte, eine nach der anderen. Der Baum war dankbar. Er fühlte sich jetzt nicht mehr alleine. Ab heute lebte er jede Jahreszeit bewusst und intensiv. Er nahm sich so an, wie er gerade war, und er nahm die Dinge um sich herum so an, wie sie waren.
Und so lebte der Baum noch viele Jahr glücklich und zufrieden.

Doris Hopf und Susanne Raab

Auslegung   ▼

Der Baum in unserer Geschichte hat erkannt, dass jede Jahreszeit wichtig und wertvoll ist, dass alles seine Zeit hat.
Wir erleben mit den Kindern jedes Jahr neu die verschiedenen Jahreszeiten mit ihren Naturvorgängen und mit allem, was damit verbunden ist, mit ihren Festen und Feiern, mit ihrem Alltag, mit Höhen und Tiefen, mit jedem Tag, jeder Stunde, jedem Augenblick. Die Geschichte will uns sagen, dass wir alles so annehmen sollen, wie es ist, denn jede Zeit ist gut, wichtig und wertvoll. Für alles gibt es eine Zeit.
So versuchen wir, jede Jahreszeit, jede Woche, jeden Tag, jede Stunde und Minute so anzunehmen, wie sie ist, und zu erkennen, wann und wo etwas an der Zeit ist!

Lied: Gottes Liebe ist so wunderbar (Nr. 8)

So wie ein Baum die verschiedenen Jahreszeiten durchlebt und wie jede Jahreszeit wichtig ist, so haben wir gemeinsam wieder ein Kindergartenjahr oder Schuljahr mit seinen verschiedenen Jahreszeiten und Festen erlebt und erfahren.

Auch wir sind manchmal voller Energie, froh, zufrieden, voller Leben und manchmal ziehen wir uns lieber zurück. Wir sind nicht so gut drauf.

So wie der Baum über alles geschimpft hat, so sehen auch wir manchmal das Gute in einer Situation nicht, wir erkennen nicht, warum wir etwas tun sollen, wofür das Basteln, Singen, Tanzen gut sein soll.

Die Geschichte will uns sagen, dass wir Mut haben sollen, alles so anzunehmen, wie es ist, mich selbst so anzunehmen, wie ich momentan bin, denn jede Zeit ist wichtig, ist gut, alles hat seine Zeit:

    Zeit zum Toben, Zeit zum Ruhigsein
    Zeit zum Lachen, Zeit zum Weinen
    Zeit zum Spielen, Zeit zum Träumen
    Zeit zum Frohsein und Zeit zum Traurigsein
    Zeit zum Lernen, Zeit zum Ausruhen
    Zeit zum Streiten, Zeit, sich zu vertragen
    Zeit zum Erzählen, Zeit zum Zuhören
    Zeit zum Feiern, Zeit für den Alltag
    Zeit zum Abschied und Zeit zum Neubeginn

Wenn wir zufriedene Menschen sind, wenn wir uns so annehmen, wie wir sind, dann können wir, wie ein Baum am Jahresende, reiche Früchte tragen.

Kinder bringen Äpfel nach vorne und erzählen von Früchten ihrer Zeit: Nach jedem Dank singen wir auf die Melodie von Kum ba ya (Tr 998): „Herr, wir danken dir, wir danken dir (3x), o Herr, wir danken dir. Äpfel werden um das Mittelbild gelegt.

– Wir haben gelernt zu teilen und zu helfen.
Liedruf: Herr, wir danken dir (s.o.)
– Wir haben Gemeinschaft erfahren.
– Wir haben getanzt, gesungen, gebastelt, gemalt und noch viele andere schöne Dinge getan.
– Wir konnten toben, aber auch still sein.
– Wir haben viel Neues erfahren und erlebt.
– Wir haben viele Feste miteinander gefeiert.
– Wir haben manche Schwierigkeiten überwunden.

Lied: Danke (nach der Mel. Tr 315)

Danke, weil du uns hast begleitet.
Danke, weil du uns hast gelenkt.
Danke für all die guten Früchte,
die du uns geschenkt.

Schlussteil

▼

Segen und Verabschiedung

Lied: Laudato si (Tr 141)

Füreinander offen sein

Anlass/Themenkreis	Kindergarten- oder Schuljahrsbeginn
Ziel	Die Kinder sollen erfahren, dass wir mit offenen Sinnen aufeinander zugehen sollen
Vorbereitungen Materialien	Bibel Jesuskerze Kleider für Spiel (Jesus, Taubstummer) Blaue, schwarze, gelbe Tücher Tülltücher Meditative Musik Orffinstrumente: Becken, Glockenspiel, Xylophon, Trommel, Triangel
Gottesdienstübersicht	Übungen des Öffnens Evangelium: Jesus heilt einen Taubstummen (Mk 7,31–37) Gebet

159

Gottesdienstverlauf

Lied: Viele, viele Leute sind heut gekommen (Nr. 25)

Begrüßung und Hinführung

Im Leben und in diesem Gottesdienst treffen wir mit vielen Menschen zusammen. In unserer Gemeinschaft sind auch Menschen, die wir nicht gut kennen, die neu in der Gruppe sind.
Für sie ist es nicht leicht, wenn sie von den anderen nicht angenommen werden.
Es ist wichtig, dass wir offen füreinander sind, dass wir den anderen annehmen, so wie er ist.
Es ist wichtig, dass wir mit offenen Sinnen aufeinander zugehen.

Übungen

So wollen wir uns jetzt öffnen für diesen Gottesdienst, wir wollen ganz offen sein für das, was Gott uns heute sagen will:

Augen
Mit unseren Augen sehen wir.
Wir schließen einmal die Augen, legen die Hände auf unsere Augen, so dass es ganz dunkel ist. Jetzt sind wir blind. Nach einer Weile öffnen wir die Augen wieder und singen:

Lied: Öffnet eure Hände, hier: Augen (Nr. 21)

Mit unseren Augen schauen wir uns an.
Wir schauen, wer da ist.
Wir sehen mit den Augen diesen Raum, in dem wir uns versammelt haben.
Wir sehen täglich unsere schöne Welt.
Es ist gut, dass wir sehen können. Dafür dürfen wir Gott danke sagen.

Ohren
Mit unseren Ohren hören wir.
Wir schließen die Ohren, können wir uns noch hören?
Wenn ich euch ein Zeichen gebe, dürft ihr die Ohren wieder aufmachen und singen:

Lied: Öffnet eure Hände, hier: eure Ohren (Nr. 21)

Wir hören auf die schöne Musik.
Wir hören, wenn einer mit uns spricht.
Es ist gut, dass wir hören können. Dafür dürfen wir Gott danke sagen.

Mund

Mit unserem Mund können wir sprechen.
Wir schließen den Mund fest, halten die Hand davor. Kann man noch reden? Wir öffnen den Mund und singen:

Lied: Öffnet eure Hände, hier: euren Mund (Nr. 21)

Ihr dürft jetzt einmal miteinander sprechen, euch etwas Schönes sagen. Mit dem Mund können wir uns verständigen, beim Spielen zum Beispiel: Es ist gut, dass wir sprechen können. Dafür dürfen wir Gott danke sagen.

Hände

Mit unseren Händen können wir viel tun.
Wir ballen unsere Hände einmal zu Fäusten, wir spüren, wie sie hart werden, wie sie sich verschließen. So kann ich keinem helfen, keinem Gutes tun. So kann ich jemanden nur wehtun.
Wir öffnen die Hände und singen:

Lied: Öffnet eure Hände (Nr. 21)

Wir geben uns einmal die Hände. Wir verbinden uns miteinander. Mit unseren Händen können wir dem anderen helfen, können den anderen trösten, ihn streicheln. Es ist gut, dass wir mit unseren Händen helfen können. Dafür dürfen wir Gott danke sagen.

Herz

In unserem Herzen wohnt die Liebe.
Wir verschließen einmal unser Herz, machen uns ganz eng. Wir können gar nicht mehr richtig atmen.
Wir öffnen unser Herz und singen:

Lied: Öffnet eure Hände, hier: Herz (Nr. 21)

Mit offenem Herzen können wir den anderen gern haben, ihn lieben, ihn verstehen, auf ihn zugehen. Es ist gut, dass wir ein liebendes Herz haben. Dafür dürfen wir Gott danke sagen.

So wollen wir jetzt mit offenem Herzen, mit offenen Ohren, Augen, Mund und Händen Gott loben, ihm danken, dass wir sehen, hören, riechen, schmecken, reden, geben und lieben können:

Lied: Hallelu (Tr 177)

Wir wollen jetzt eine Geschichte aus der Bibel erleben. Wir erleben einen Menschen, der nicht mehr sprechen und nicht mehr hören kann. Er ist taubstumm.

Frohe Botschaft ▼

Lied: In den Gedanken und Worten mein (Nr. 14)

Evangelium
Kinder spielen die Geschichte. Jesus und der Taubstumme proben vorher. Die Menschenmenge spielt spontan, nach Anleitung von einem Erwachsenen im Hintergrund.

Unsere Geschichte spielt am See von Galiläa.
Wir legen blaue Tücher als See im Kreis. ♪ Glockenspiel
In Galiläa leben viele Menschen.
Kinder spielen Menschen, sie stehen auf und laufen. ♪ Xylophon
Da gibt es auch einen, den sie nicht so mögen, einen Außenseiter.
Zu ihm sagen sie: Sei still. *♪ Trommelschlag*
Halt den Mund. Du hast hier nichts zu sagen. *♪ Trommelschlag*
Du bist nichts, du taugst nichts, du kannst nichts. *♪ Trommelschlag*
Außenseiter stellt sich in die Mitte. Alle beschimpfen ihn. Kinder sprechen die Schimpfworte nach, die der Erzähler vorsagt.

Der Außenseiter wird immer kleiner. Er hält sich die Ohren zu. Er will nichts mehr hören. Er hält sich auch den Mund zu. Er will nichts mehr reden. Er kann gar nichts mehr reden. Er traut sich nicht, weil so viele gegen ihn sind. So wird er bald ganz taub und ganz stumm. Er verkriecht sich immer mehr, macht sich immer kleiner.

Taubstummer setzt sich in die Mitte, macht sich immer kleiner, hält sich Ohren und Mund zu. Während diesem Text durchgehend ♪ Becken, erst leise, dann immer lauter
Um ihn herum wird es ganz dunkel. *♪ Dunkle Xylophontöne*
Kinder breiten schwarze Tücher um ihn herum aus –
Er ist alleine. In seinem Herzen wird es auch dunkel. Am liebsten möchte er gar nicht mehr leben. Warum bin ich nur geboren, denkt er sich. Die Menschen aber kümmern sich nicht um ihn. Sie beschimpfen ihn immer wieder. *♪ Becken*
Menschen zeigen auf ihn, laufen um ihn herum.

Eines Tages kommt Jesus an den See von Galiläa.
Jesus kommt mit Kerze in der Hand. ♪ Triangel
Die Menschen rufen: Da kommt Jesus. Sie wollen ihm ganz nahe sein. Sie versammeln sich um ihn. Sie berühren ihn. Sie hören ihm zu.
Menschen versammeln sich um Jesus. ♪ Glockenspiel
Jesus nimmt sich Zeit für die Menschen. Dann geht er weiter und sieht den Taubstummen auf dem Boden sitzen. Jesus hat Mitleid mit ihm. Er sieht, dass es ihm nicht gut geht, dass er alleine ist, dass es dunkel in seinem Herzen ist. Jesus geht auf ihn zu, nimmt ihn am Arm und bringt ihn weg von der Menschenmenge. *♪ Glockenspiel*
Er spricht mit dem Taubstummen. Er schaut ihn mit Liebe an. *♪ Triangel*
Dann berührt er seine Ohren und seinen Mund. *♪ Triangel*
Er blickt zum Himmel und sagt zum Taubstummen: Effata, das heißt: Öffne dich! *♪ Triangel*
Sogleich öffnen sich seine Ohren und sein Mund. Der Mann kann wieder hören. Er kann wieder reden. Er kann wieder richtig durchatmen, er kann sich wieder öffnen, sich aufmachen. Ihn ihm wird es wieder hell. *♪ Während des Textes leises ♪ Glockenspiel, immer lauter werdend*
Kinder kommen mit gelben Tüchern und stellen sich um den Menschen auf, legen sie dann strahlenförmig auf schwarze Tücher.

Jesus hat ihn geheilt. Er hat sich um ihn gekümmert. Er hat ihn nicht beschimpft, sondern ihn mit Liebe angeschaut. Das hat ihm gut getan, so dass er seine Ohren und seinen Mund wieder öffnen konnte. Jesus hat das Leben des Menschen wieder hell und froh gemacht. Sein Leben hat wieder einen Sinn. Sein Leben ist wieder bunt und schön.

Kinder tanzen mit Tülltüchern zu meditativer Musik um den Menschen herum und legen diese dann strahlenförmig zwischen die gelben Tücher. Es entsteht ein buntes Rad. Nach dem Spiel wird die Jesuskerze und die Bibel in die Mitte des Rades abgestellt.

Lied: Gottes Liebe ist so wunderbar (Nr. 8)

Fürbitten ▼

Jesus hatte immer ein offenes Herz. Er hat alle Menschen gern, große und kleine, kranke, gesunde, reiche und arme. Nicht alle sind offen, so wie Jesus. Immer wieder verschließen wir uns. Deshalb wollen wir jetzt in den Fürbitten um Offenheit beten und nach jeder Bitte den Ruf singen, mit dem Jesus dem Taubstummen die Ohren und den Mund geöffnet hat.

Ruf: Effata, effata (Nr. 5)

- Herr, öffne meine Augen, damit ich sehe, wo ich anderen helfen kann.
- Herr, öffne meine Ohren, dass ich höre, wenn jemand nach mir ruft.
- Herr, öffne meinen Mund, dass ich die richtigen Worte finde, wenn jemand Mut und Trost braucht.
- Herr, öffne meine Hände, dass ich sie dem anderen reichen kann, wenn er mich braucht.
- Herr, öffne mein Herz, dass ich dem anderen mit Liebe begegnen kann.

Vaterunser ▼

Vater unser im Himmel ...

Friedensgruß ▼

Lied: Gib uns Frieden (Tr 284)

▼

Schlussgebet

Guter Gott. Du hast uns Augen, Ohren, Mund, Hände und ein Herz geschenkt, damit wir offen füreinander sind und dem anderen Gutes tun. Jesus hat uns gezeigt, wie uns das gelingen kann. Lass uns immer daran denken, wenn wir anderen begegnen. Darum bitten wir dich, guter Gott. Amen.

Segen

Schlusslied: Kindermutmachlied (Tr 929)

Wir danken Gott für die schönen Dinge auf der Welt

Anlass/Themenkreis : Erntedank, Dankfeier, Schöpfungsgedenken

Ziel : Die Kinder sollen erfahren, dass all die schönen Dinge in der Natur von Gott geschaffen sind

Vorbereitungen Materialien : Kinder bringen Obst oder Gemüse mit

Reifen
Bibel
Braune, grüne, blaue, schwarze, rote, gelbe Tücher
Schale mit Erde
Tiere und Menschen
Bäume und Blumen
Wassertiere und Pflanzen
Mond und Sterne
Teelichter/Kerzen
Meditative Musik und Tanzmusik
Orffinstrumente: Xylophon, Glockenspiel, Trommel, Triangel

Gottesdienstübersicht : Hinführung

Biblische Geschichte (Gen 1,1–2.4a)

Ganzheitliche Erfahrungen mit der Schöpfung

Dank an Gott – Entzünden der Jesus-kerze

Gabenprozession

Segnung der Gaben

Hinweis auf Bewahrung der Schöpfung – Tanz

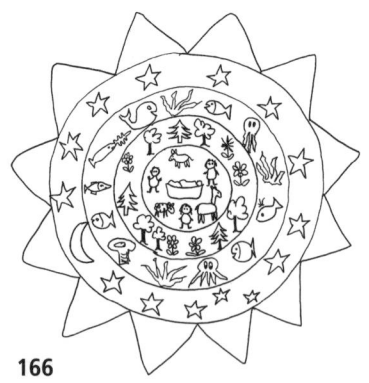

Gebet

Gottesdienstverlauf

Lied: Wir feiern heut ein Fest (Tr 1047)

▼

Begrüßung und Hinführung

Wir Menschen leben auf unserer Erde. – Ganz selbstverständlich ist es für uns, dass jeden Morgen die Sonne aufgeht, dass wir genug zu essen haben, dass es Wasser gibt, das uns erfrischt. Doch wo kommt all das her? Wer hat unsere Welt so gemacht, wie sie ist? Und wie können wir dazu beitragen, dass unsere Welt schön und gut bleibt? In unserem Gottesdienst heute wollen wir Gott für seine Schöpfung danke sagen.

▼

Kreuzzeichen

Mit dem Kreuzzeichen, das unsere Welt unter den Segen Gottes stellt und uns mit ihm verbindet, wollen wir gemeinsam beginnen und beten: Im Namen des Vaters ...

Ein Reifen wird gedreht. Wir schauen, schlagen auf die Oberschenkel, klatschen, solange sich der Reifen dreht.

Bibel wird in die Mitte gebracht und im Kreis getragen.

▼

Biblische Geschichte

Schon auf den ersten Seiten der Bibel können wir lesen, dass Gott unsere Welt und alles, was auf ihr lebt, gemacht hat. Uns Menschen hat er als das Wichtigste auf der Erde erschaffen und uns den Auftrag gegeben, unsere Welt zu erforschen und zu behüten.
Die Bibel erzählt, dass Gott die Welt in sieben Tagen gemacht hat, und beschließt jeden Tag mit dem Satz: Und Gott sah, dass das, was er gemacht hatte, gut war.
Im Lied wollen wir Gott für seine Schöpfung danken:

Lied: Laudato si (Tr 141)

▼

ANSCHAUUNG ERDE

Eine Schale mit Erde wird verhüllt im Kreis herumgegeben, in die Mitte gestellt, aufgedeckt. Ein braunes Tuch wird um den Reifen geschlagen. Die Schale wird im Kreis herumgezeigt. Einige Kinder dürfen die Erde spüren.

– Wir setzen uns still hin, die Hände auf die Beine. Wir wollen still sein wie die Erde. ♪ *Xylophon*
– Kinder fassen sich an den Händen. Wir wollen rund sein wie die Erde. ♪ *Xylophon*
– Wir stellen uns fest auf den Boden. Die Erde trägt und hält uns. ♪ *Xylophon*
– Wir formen die Hände zur Schale: In die Erde kann man vieles hineinlegen. ♪ *Xylophon*

Die Erde sagt zu uns:
Ich bin manchmal hart und fest, manchmal auch locker und weich.
Ich bin offen.
In mich kann man vieles hineinlegen.
Aus mir wächst etwas Schönes.
Ich trage Menschen und Tiere.
Kinder stellen Menschen und Tiere auf die Erde. ♪ *Xylophon*

Danklied: Du gibst uns die Sonne (Nr. 3), hier:
　　　　　 Du gibst uns die Erde.
　　　　　 Du gibst Menschen und Tiere.

ANSCHAUUNG WIESE

Um die Erde werden grüne Tücher gelegt.
– Wir schließen die Augen und träumen von einer Wiese.
♪ *Glockenspiel*
Die Wiese sagt zu uns:
Ich bin im Sommer saftig grün.
Ich bin aus vielen kleinen Wiesensamen gewachsen.
Auf mir wachsen wunderschöne Blumen, Sträucher und Bäume.
Wir legen Blumen, Bäume. ♪ *Glockenspiel*

Danklied: Du gibst uns die Sonne (Nr. 3), hier:
        Du gibst uns Blumen und Bäume.

ANSCHAUUNG WASSER

Um die Wiese werden blaue Tücher gelegt.
– *Wir spielen Wasser mit unseren Händen. – Große und kleine*
  Wellen ♪ *Glockenspiel*
Das Wasser sagt:
Ich sprudle aus der Erde.
Ich tränke die Erde.
Ich lösche den Durst.
Ich schlage hohe Wellen.
In mir wohnen Tiere.
Wir legen Tiere und Wasserpflanzen ins Wasser. ♪ *Glockenspiel*

Danklied: Du gibst uns die Sonne (Nr. 3), hier:
        Du gibst uns das Wasser.

ANSCHAUUNG NACHTHIMMEL

Wir legen schwarze Tücher um das blaue Wasser.
– Es ist Nacht geworden, der Himmel ist dunkel, schwarz.
  ♪ *Trommel*
– In der Nacht leuchten viele Sterne am Himmel. *Wir spielen die*
  Sterne. ♪ *Triangel*
– In der Nacht leuchtet aber auch der Mond am Himmel. *Wir*
  spielen den Mond. ♪ *Triangel*
Der Nachthimmel sagt:
Ich bin dunkel. Wenn ich bin, dann leuchten viele kleine und große
Sterne. Auch der Mond scheint hell auf die Erde.
Die Kinder legen Sterne und Mond in den Himmel.
Zur Vertiefung laufen einige Kinder mit Teelichtern im Kreis und
stellen diese auch in die Nacht hinein. ♪ *Triangel*

Danklied: Du gibst uns die Sonne (Nr. 3), hier:
        Du gibst Mond und Sterne.

ANSCHAUUNG SONNE

♫ *Tonleiter auf Glockenspiel*
- Wenn die Nacht vorüber ist, dann wird es wieder Tag.
- Am Tag scheint die Sonne auf die Erde.
- Wenn die Sonne aufgeht, ist sie rot. – *Einige Kinder spielen mit roten Tüchern Sonnenaufgang.* ♫ *Glockenspiel*
- Wenn die Sonne scheint, ist sie gelb. – *Einige Kinder spielen mit gelben Tüchern Sonne. Sie lassen sie scheinen, drehen sich, die Sonne scheint überallhin.* ♫ *Glockenspiel*

Die Sonne sagt:
Am Morgen gehe ich ganz langsam auf.
Dann leuchte ich auf die Erde.
Ich schenke Licht und Wärme.
Menschen, Tiere und Pflanzen freuen sich, wenn ich bin.
Die Kinder legen Dreieckstücher am Nachthimmel an.

Danklied: Du gibst uns die Sonne (Nr. 3)

ZUSAMMENFASSUNG

Wir sehen ein großes buntes Bild.
Wir sehen die Erde mit den Menschen und den Tieren.
All das hat Gott geschaffen, hat Gott gemacht, weil er uns liebt, weil er uns gern hat.
Gott schenkt uns all die schönen Dinge auf der Welt.
Er lässt alles wachsen und grünen.
Als Dank Kerze anzünden; dazu Lied:

Lied: Zündet an das helle Licht (Nr. 27)

Erklären: dass wir auf Gottes Schöpfung aufpassen sollen, dass wir mit ihr behutsam umgehen sollen.

Gott schenkt uns aber auch Früchte, Obst und Gemüse. Gott lässt es wachsen, unter der Erde, auf der Erde, an Sträuchern und Bäumen.
Wir wollen das, was Gott hat wachsen lassen, zu unserem Bild legen.

▼

Gabenprozession
Kinder legen zu meditativer Musik die Gaben zum Bild.

Segnung der Gaben
Guter Gott, alles, was wir haben, kommt von dir.
Wir bitten dich, dass du jetzt hier bei uns bist,
dass du unser Leben und alles, was wir dazu brauchen, segnest.
So segne diese Gaben und uns alle: Im Namen des Vaters ...

Verantwortung für die Schöpfung
Gott hat uns die Erde und alles, was darauf wächst, anvertraut. Er
hat sie uns geschenkt. Gott möchte, dass wir sorgsam mit der Erde
umgehen, dass wir sie beschützen. Gott möchte nicht, dass wir die
Erde ausbeuten, dass wir das Wasser und die Luft verschmutzen,
dass wir unseren Abfall einfach in den Wald oder auf die Straße
werfen, dass wir Pflanzen und Tiere vernichten, dass wir uns streiten. Das alles möchte Gott nicht.
Wir sollten deshalb immer daran denken, dass uns Gott die Welt
geschenkt hat, und dass wir sie beschützen sollen. In einem Tanz
wollen wir daran denken.

Tanz: („Schöpfungsmusik")

▼

Schlussgebet
Wer hat die Sonne nur gemacht, den Mond und all die Sterne?
Wer hat den Baum ans Licht gebracht, die Blumen nah und ferne?
Wer schuf die Tiere groß und klein, wer gab auch mir das Leben?
Das tatst du lieber Gott allein, drum will ich Dank dir geben.
Amen.

Quelle unbekannt

Segen

Schlusslied: Er hält die ganze Welt in der Hand (nach Tr 973, 974)

Gottes Haus hat viele Wohnungen

Anlass/Themenkreis · Allerheiligen, Allerseelen

Ziel · Kinder sollen erfahren, dass es ein Leben nach dem Tod bei Gott gibt

Vorbereitungen Materialien · Kinder bringen Bilder oder Erinnerungszeichen eines Verstorbenen und ein Grablicht mit

Blumen für Fürbitten
Bibel
Meditationsmusik
4 gelbe Tücher
Bunte Faltzettel als Wohnungen
Jesuskerze
Kleidung für Spiel (Jesus, Jesu Freunde)
Orffinstrumente: Triangel, Becken, Xylophon, Trommel

Gottesdienstübersicht · Kinder erleben Haus als Heimat

Haus wird als Gotteshaus gedeutet und Wohnungen werden eingerichtet

Evangelium: Das Haus meines Vaters hat viele Wohnungen
(Joh 14,1–6)

Gedenken an Verstorbene

Fürbitten

Gottesdienstverlauf

Lied: In deinem Haus bin ich gern, Vater (Tr 99)

▼

Begrüßung und
Hinführung

Hinweis auf die beiden Feste Allerheiligen und Allerseelen
Hinweis auf die Natur, in der zur Zeit alles Leben vergeht
Hinweis auf die Hoffnung und auf den Glauben, dass es nach dem
Tod ein neues Leben bei Gott gibt.

▼

Kreuzzeichen

In diesem Glauben wollen wir jetzt auch unseren Gottesdienst beginnen und wir beten gemeinsam:
Im Namen des Vaters ...

▼

Katechese

Wir gestalten mit 4 gelben Tüchern ein Quadrat.
Woran erinnert uns die Farbe? Was fällt uns ein?
Wer mag sich in diese Farbe setzen und von einem Ort träumen,
der so hell ist wie dieser?
Das Quadrat wird eingeschlagen, das Bild eines Hauses entsteht.
Wir spielen das Haus leibhaft.
Wir denken an unser Haus, wie geht es uns, wenn wir zu Hause
sind, was tun wir alles in unserem Zuhause?

Wir suchen Namen für dieses Haus: Lichthaus, helles Haus. Unser
Haus hier ist ein großes Haus, in dem alle Menschen Platz haben,
es ist das große Gotteshaus, das Himmelshaus, es ist hell und
freundlich, aus allen Fenstern, selbst durch die Wände scheint helles Licht. In diesem Haus geht es allen Menschen gut. Dort gibt es
keinen Streit, keinen Zank, keinen Neid. Hier verstehen sich alle
Menschen. In diesem Haus gibt es viele Wohnungen.
Ihr alle dürft jetzt diese Wohnungen in unser Haus hineinlegen,
dürft das Haus mit Wohnungen ausschmücken.
Kinder kommen zu meditativer Musik nach vorne und legen kleine
bunte Quadrate aus Papier (Faltpapier) als Wohnungen in das
Haus.
Hinweisen auf das schöne bunte Haus.

▼

Lied: In den Gedanken und Worten mein (Nr. 14)

Evangelium

In der Bibel lesen wir Geschichten von Jesus. Wir erleben diese Geschichten. Jesus war ein Mensch, der sehr viel Liebe und Güte im Herzen hatte, der Licht zu den Menschen brachte. Da wo er war, ging es den Menschen gut. Von ihm können wir singen, dabei die Jesuskerze entzünden und sie mit der Bibel im Kreis tragen:

Lied: Eines Tages kam ein junger Mann (Nr. 7)

Zum Lied tragen Kinder die entzündete Jesuskerze und die Bibel im Kreis,
Kerze und Bibel werden am unteren Rand des Hauses abgestellt.
Kinder spielen das folgende Evangelium.
Das Kind, das Jesus spielt, wurde bereits in die Rolle eingeführt, die Freunde von Jesus spielen spontan. Einige Kinder spielen: Jesu Freunde, Häuser, in denen Menschen stehen.

Jesus geht mit seinen Freunden in die Städte und Dörfer. Er geht zu den Menschen,

zu den kranken,	♪ *Triangel*
den armen,	♪ *Triangel*
den einsamen,	♪ *Triangel*
den alten,	♪ *Triangel*
zu den ausgestoßenen.	♪ *Triangel*

Er tritt in ihre Häuser und bringt ihnen den Frieden, er bringt ihnen das Licht, die Liebe.
Dort, wo er hinkommt, geht es den Menschen gut. ♪ *Becken*
Eines Tages aber kommt die Zeit, wo er hinaufgeht nach Jerusalem. ♪ *Xylophon*
Er weiß, dass er dort leiden und sterben muss. ♪ *3 Trommelschläge*
Deshalb will er seine Freunde, die ihn begleiten, auf dieses Abschiednehmen, auf dieses Fortgehen vorbereiten. Er weiß, dass sie traurig sein werden, wenn er gestorben ist, er weiß, dass sie das nicht verstehen können, dass sie verzweifelt sein werden. Deshalb setzt er sich zu ihnen und tröstet sie:

„Seid nicht verwirrt, wenn ich bald von euch gehe. Glaubt an Gott und glaubt an mich. Im Hause meines Vaters gibt es viele Wohnungen. Ich gehe euch voraus und bereite für jeden von euch eine Wohnung bei Gott." ♪ *Beckenschlag*

▼

Auslegung

Was Jesus seinen Freunden erzählt, gilt für uns alle.
Jesus ist gestorben. Auch wir werden einmal sterben.
Jesus ist vorausgegangen, um uns allen eine Wohnung bei Gott zu bereiten.
Wir bleiben nicht im Tod, wir werden weiterleben bei Gott.

▼

Gedenken an Verstorbene

So wollen wir jetzt an alle Menschen denken, die wir gekannt haben, die gestorben sind und die in das Haus des himmlischen Vaters heimgegangen sind. Wir wollen jetzt der Reihe nach in Stille unsere Bildchen, die uns an diese Menschen erinnern, in eine Wohnung legen und für sie ein Licht an der Jesuskerze entzünden.
– *Dazu Meditationsmusik*
Kinder kommen der Reihe nach heraus, entzünden ihr Licht an der Jesuskerze und legen dann Bildchen und Licht in eine Wohnung hinein. Wenn alle sitzen, halten wir noch kurz Stille, denken an die Menschen, die bei Gott sind, denen es ganz gut geht, die eine himmlische Wohnung haben, und singen dann:

Lied: Gottes guter Segen (Tr 1042)

▼

Fürbitten

Jene Kinder, die die Fürbitten sprechen, halten Blumen in den Händen als Zeichen des Lebens und stellen sie nach ihrer Bitte kreisförmig um das Haus.
Wir beten jetzt für alle Verstorbenen, die bei Gott eine ewige Wohnung haben.
Wir singen nach jeder Bitte vom Lied „Wir preisen deinen Tod" den zweiten Teil: „Komm, o Herr, bleib bei uns ..." Nach der letzten Bitte wird das ganze Lied im Kanon gesungen.
– Wir denken an alle Verstorbenen aus unseren Familien und schmücken ihre ewige Wohnung mit Blumen als Zeichen des Lebens.

Liedruf: Komm, o Herr, bleib bei uns (Tr 96, 2. Teil)

– Wir denken an alle, die durch Gewalt und Krieg sterben mussten, und schmücken ihre ewige Wohnung mit Blumen als Zeichen des Lebens.
– Wir denken an alle, die durch einen Unfall ums Leben kamen,
und schmücken ihre ewige Wohnung mit Blumen als Zeichen
des Lebens.
– Wir denken an alle, die nach langer Krankheit von uns gegangen sind, und schmücken ihre ewige Wohnung mit Blumen als
Zeichen des Lebens.
– Wir denken an alle, die plötzlich und unerwartet aus dem Leben
gerissen wurden, und schmücken ihre ewige Wohnung mit
Blumen als Zeichen des Lebens.

Lied: Wir preisen deinen Tod (Tr 96)

Vaterunser ▼

Vater unser im Himmel ...

Friedensgruß ▼

Lied: Herr, gib uns deinen Frieden (Tr 293)

Schlussteil ▼

Schlussgebet
Guter Gott:
Alles Leben vergeht einmal.
Wir sind traurig, wenn liebe Menschen sterben.
Doch bei dir finden wir Trost und Heil.
Wir glauben, dass du ein Gott des Lebens bist.
Wir glauben, dass die Verstorbenen bei dir weiterleben.
Wir glauben, dass sie bei dir eine ewige Wohnung haben. Amen.

Segen und Verabschiedung
*Die Kinder dürfen nach dem Schlusslied ihre Bildchen, ihre Kerze
und auch „die Wohnung" mit nach Hause nehmen und einen Ort
suchen, wo sie dies hinlegen. Vielleicht können sie auch die Wohnung schön schmücken mit Blumen oder anderen Zeichen oder
anmalen ...*

Schlusslied: Gottes Liebe ist so wunderbar (Nr. 8)

Wir sind eine lebendige Kirche

Anlass/Themenkreis   Kirchweihe, Gemeindefest

Ziel   Kinder sollen Kirche als lebendige Gemeinschaft erleben und erfahren, dass jeder ein lebendiger Stein ist

Vorbereitungen
Materialien   Kinder erhalten Häuser und Figuren aus Tonpapier. Darauf schreiben sie ihren Namen
(Stifte)
Bibel
Reifen, Tücher für Kirche, Kreuz
Gemaltes Tor, Glocke
Bibel
Papierstreifen als Wege
Jesuskerze

Gottesdienstübersicht   Wir bauen und erfahren ein Haus und unseren Wohnort

Wir bauen unser Gotteshaus und erfahren lebendige Kirche

Evangelium: Wo zwei oder drei ... (Mt 18,20)

Jesus-Rufe

Gebet

Gottesdienstverlauf

Lied: Es läuten alle Glocken (Tr 407)

Begrüßung und Hinführung

Wir feiern immer unseren Kindergottesdienst in dieser Kirche. Die Kirche ist ein besonderes Haus in unserem Dorf/unserer Stadt. Sie sieht anders aus als unsere normalen Häuser. *Kinder erzählen lassen, wie die Kirche aussieht.*
Sicher wisst ihr auch, was alles hier in diesem Raum gefeiert wird? *Kinder aufzählen lassen.*
Wir sagen, dass die Kirche das Haus Gottes und das Haus der Gemeinde ist. Auch wir selbst sind Kirche – jeder von uns ist ein lebendiger Stein, und gemeinsam sind wir die Kirche von N.
Heute soll unsere Kirche und unsere Gemeinde im Mittelpunkt stehen.

Kreuzzeichen

▼

Als christliche Gemeinde sind wir untereinander und mit Gott verbunden. Das Kreuz ist ein Zeichen dieser Verbundenheit. Deshalb beginnen wir heute ganz bewusst unsere Feier mit dem Kreuzzeichen und beten gemeinsam:
Im Namen des Vaters ...

Wir bauen und gestalten ein Haus

▼

Ein Reifen wird in die Mitte gelegt als Wohnort. Die Kinder legen ihre Häuser um den Reifen herum. Wir spielen mit unserem Körper Häuser:
Ein Haus hat ein festes Fundament, auf dem es steht. – Füße fest auf den Boden stellen.
Die Steine bilden die Wände und werden aufeinander gebaut. – *Mit den Händen Mauern bauen.*
Das Dach beschützt uns vor Regen und hält das Haus trocken. – *Mit Armen Dach über dem Kopf bauen.*
Jedes Haus hat eine Tür, damit man hinein- und herausgehen kann, und Fenster zum Öffnen, damit Licht und frische Luft in das Haus kommen können. – *Wir spielen Türen- und Fenster-Öffnen.*

Es ist gut, dass jeder von uns in einem festen Haus wohnen kann. Und wer mit seinen Eltern und Geschwistern in seinem Haus wohnt, dem geht es gut, der ist auch nicht allein.

Hier in unserer Mitte sehen wir viele Häuser. Wenn die Menschen, die darin wohnen, nicht miteinander sprechen und spielen, entsteht aus den vielen Häusern keine Gemeinde; wenn wir aber aufeinander zugehen und gegenseitig grüßen und unser Leben miteinander teilen, dann kann eine schöne Gemeinschaft wachsen.

▼

Inmitten des Wohnorts wird aus Tüchern eine Kirche mit einem Turm gelegt.
Kinder sagen, was das Besondere an diesem Haus ist.
Wir kennzeichnen das Gotteshaus mit einem Kreuz.

Wir bauen das Gotteshaus

Fast überall gibt es Kirchen. Alte oder moderne, schöne (wie unsere hier) und auch altmodische. Das liegt daran, dass die Menschen aller Zeiten ihre Kirche so gebaut haben, wie sie es für richtig gehalten haben. *Einiges zur eigenen Kirche sagen.*
Unsere Kirche hat eine große Tür, damit die Menschen leicht hereinkommen können. – *Tor auf Kirche legen.*
Im Turm hängt eine Glocke, die läutet, wenn sie die Menschen zum Gebet und zum Gottesdienst ruft. – *Glocke in Turm legen.*

▼

Wir überlegen, was unser eigenes Haus und das Gotteshaus gemeinsam haben.

Wir bauen eine lebendige Kirche

Wann bin ich zu Hause? Wann fühle ich mich wohl? Was macht eine lebendige Kirche aus?
Wenn die Menschen sich in der Kirche treffen, wenn sie aus ihren Häusern herauskommen und sich in der Kirche versammeln, wird etwas von der Kirche lebendig.
Jedes Kind legt einen Weg von seinem Haus zur Kirche. Dazu singen wir:

Lied: Aufstehn, aufstehn (Nr. 1)

Wir gehen in die Kirche. Wenn die Menschen in die Kirche eintreten, begrüßen sie den, der uns hier besonders nah ist. Sie verneigen sich oder machen eine Kniebeuge. Dann suchen sie sich einen Platz in der Kirche.

Wir verneigen uns, und jedes Kind legt sein Symbol (Papierfigur) in der Kirche ab. Dazu singen wir:

Lied: Viele, viele Leute sind heut gekommen (Nr. 25)

Wenn die Menschen in die Kirche kommen, versammeln sie sich um Gott und um Jesus. Wir suchen die Mitte in unserer Kirche und laden Jesus ein, in unsere Mitte zu kommen. *Wir entzünden die Jesuskerze und stellen sie in die Mitte der Kirche. Dazu singen wir:*

Lied: Zündet an das helle Licht (Nr. 27)

Frohe Botschaft

Lied: In den Gedanken und Worten mein (Nr. 14)

Evangelium
Jesus sagte einmal zu seinen Jüngern: Wo zwei oder drei in meinem Namen versammelt sind, da bin ich mitten unter ihnen.
Bibel wird in die Kirche gelegt.

Jesus-Rufe

Jedes Mal, wenn wir uns in der Kirche, im Gotteshaus versammeln, ist Jesus ganz nah bei uns, ist er mitten unter uns.
Nach jedem Ruf singen wir:

Liedruf: Wo zwei oder drei (Tr 95)

Jesus, du bist mitten unter uns. Du willst in unserem Leben sein.
Jesus, du bist mitten unter uns. Du willst unsere Freude sein.
Jesus, du bist mitten unter uns. Du willst unsere Hoffnung sein.
Jesus, du bist mitten unter uns. Du willst in unserem Herzen sein.
Jesus, du bist mitten unter uns. Du willst uns miteinander verbinden.

Wir bauen eine lebendige Kirche (Bearbeitung): Marianne Strasser, aus: Religionspädagogische Praxis, Handreichung für elementare Religionspädagogik, Jhg 1993. Nr. I, S. 55f, „Kirchenjahr erleben und gestalten", alle Rechte bei RPA Verlag, Landshut

Vaterunser

Vater unser im Himmel ...

Friedensgruß

Lied: Offen kommen wir zu dir (Nr. 22)

▼

Schlussgebet

Guter Gott,

allein können wir nicht feiern und fröhlich sein.

Deshalb lädst du uns immer wieder zum Gottesdienst ein.

Hier erleben wir Gemeinschaft.

Hier bist du uns ganz nah.

Locke du auch alle aus ihren Häusern heraus, die sich zurückgezogen haben.

Schenke uns den Geist der Gemeinschaft, damit wir deine Kirche sind.

Amen.

Schlusslied: Gottes Liebe ist so wunderbar (Nr. 8)

Martin wird durch seine Offenheit zu einem anderen Menschen

Anlass/Themenkreis	Martinsfeier, Martinszug
Ziel	Kinder sollen am Beispiel des hl. Martin erkennen, dass man mit anderen teilen soll
Vorbereitungen Materialien	Kind in Martin-Rolle einweisen Kinder malen auf Pappe Häuser, die sie sich beim Spiel umhängen In der Mitte steht ein Tisch mit Symbolen: Helm, Schwert, Mantel, Mitra Ein großer Torbogen steht im Gottesdienst-Raum Evtl. Holzpferd für Martin Jesuskerze Weiße, schwarze Tücher Bilder von armen, alten, kranken, einsamen Menschen und von Kindern 5 Kerzen Orffinstrumente: Trommel, Becken, Triangel, Klangstäbe, Rassel, Glockenspiel, Xylophon, Schellenkranz
Gottesdienstübersicht	Tor als Symbol des Sich-Öffnens Martin wird anhand von Symbolen vorgestellt Legende vom hl. Martin Gebet

Gottesdienstverlauf

Lied: Viele, viele Leute sind heut gekommen (Nr. 25)

▼

Begrüßung und Hinführung

Das Sankt-Martins-Fest ist ein ganz altes Fest. Schon die Menschen früher haben erkannt, dass es ganz wichtig ist, miteinander zu teilen, und deshalb haben sie den hl. Martin besonders verehrt. Auch wir wollen uns heute überlegen – am Beispiel des hl. Martin –, wie wir zu Menschen werden können, die gut zu anderen sind.

▼

Kreuzzeichen

Am Anfang unseres Gottesdienstes wollen wir uns zunächst mit dem Zeichen Jesu bezeichnen und uns so miteinander und mit Gott verbinden und gemeinsam beten:
Im Namen des Vaters ...

▼

Bußakt

Ein Tor steht schon in der Mitte.
Wir sehen ein Tor, wohin führt es uns? In eine Stadt, in eine Geschichte? Vielleicht führt uns das Tor in uns selbst hinein, in unser Herz hinein.

Kinder spielen Tore.
Jeder von uns hat viele Tore, viele Türen, z.B. die Augen. Wir können sie schließen und wir können sie öffnen, so wie diese Tore. Oft verschließen wir unsere Augen. Wir wollen nicht sehen, dass es anderen Menschen nicht gut geht, dass andere in Not sind, dass andere unsere Hilfe brauchen. ♪ *Trommelschlag*
Deshalb öffnen wir unsere Augen jetzt und dann, wenn Menschen unsere Hilfe brauchen, und singen:

Lied: Öffnet eure Hände, hier: Augen (Nr. 21)

Kinder spielen Tore.
Jeder von uns hat viele Tore, viele Türen, z.B. die Ohren. Wir können sie schließen und wir können sie öffnen. Oft verschließen wir unsere Ohren, wenn jemand sagt: Kannst du mir helfen? Oder: Kannst du mir zuhören? ♪ *Trommelschlag*

183

Deshalb öffnen wir unsere Ohren jetzt und wenn andere Menschen uns etwas sagen wollen, und singen:

Lied: Öffnet eure Hände, hier: Ohren (Nr. 21)

Kinder spielen Tore.
Jeder von uns hat viele Tore, viele Türen, z.B. unsere Hände. Wir können sie schließen, sie zur Faust ballen, wir können sie aber auch öffnen. Oft verschließen wir unsere Hände und packen nicht mit an, wo wir gebraucht werden. Manchmal ballen wir sie zu Fäusten und verletzen damit andere. ♫ *Trommelschlag*
Jetzt aber wollen wir unsere Hände ganz weit öffnen, damit wir anderen helfen können.

Lied: Öffnet eure Hände (Nr. 21)

Katechese

▼

Unser Tor führt in die Stadt. ♫ *Becken*
Ein Haus reiht sich in dieser Stadt an das andere. – *Kinder nehmen sich an den Armen und bilden die Häuserkette.* ♫ *Becken*
Es ist eine alte Stadt. Tours heißt sie. Sie liegt in Frankreich.
Es ist Herbst geworden in dieser Stadt. ♫ *Xylophon*
Die Blätter sind gefallen, die Bäume sind kahl. ♫ *Xylophon*
Jetzt beginnt es auch zu schneien. Schnee bedeckt die ganze Erde.
– *Weiße Tücher* ♫ *Schellenkranz*
Gut ist jetzt dran, wer ein warmes Zuhause hat.

In der Ferne hört man jetzt den Klang von Pferden. ♫ *Klangstäbe*
Was ist das für ein Reiter, der da kommt?

St. Martin kommt auf seinem Pferd und stellt sich in die Mitte.
Ein Helm wird im Kreis getragen und Martin aufgesetzt.
Dieser Mann trägt einen Helm. Der Helm sagt:
Du bist ein Soldat. ♫ *Trommel*
Ein Soldat des Kaisers. ♫ *Trommel*
Ich schütze dich, damit du nicht verwundet wirst, ♫ *Trommel*
damit du sicher bist im Kampf und Streit. ♫ *Trommel*

Ein Schwert wird von einem Kind im Kreis herumgetragen und dann Martin gegeben.

Der Reiter hat ein Schwert. Das Schwert sagt:
Ich mache dich stark. ♪ *Beckenschlag*
Ich mache dich hart. ♪ *Beckenschlag*
Ich gebe dir Macht. ♪ *Beckenschlag*
Ich gebe dir Mut. ♪ *Beckenschlag*

Ein roter Mantel wird von einem Kind im Kreis herumgetragen und dann Martin angezogen.
Der Reiter trägt einen roten Mantel. Fest ist er darin eingehüllt.
Der Mantel sagt:
Ich hülle dich ein. Ich wärme dich. ♪ *Triangelschlag*
Mit mir siehst du großartig aus. ♪ *Triangelschlag*
Alle schauen auf dich. ♪ *Triangelschlag*
Alle gehorchen dir, wenn du Befehle gibst. ♪ *Triangelschlag*
Du bist ein Offizier des Kaisers. ♪ *Triangelschlag*

▼

Martin heißt dieser Mann. Er treibt sein Pferd an. Er möchte noch die Stadt erreichen, bevor es dunkel wird und bevor die Tore geschlossen werden. ♪ *Klangstäbe*

Lied: St. Martin, 1. Str.

Er kommt ans Stadttor. Inzwischen ist es dunkel geworden.
Schwarze Tücher werden hochgehoben. ♪ *Trommelschläge*
Sein Pferd scheut. Martin weiß nicht, warum. Doch dann sieht er am Stadttor einen Menschen sitzen. Martin schaut genauer hin. Er erkennt einen Bettler. ♪ *Rassel*
Der Bettler hat Hunger und friert. ♪ *Rassel*
Er fleht mit den Händen: Bitte hilf mir. ♪ *Rassel.*

Lied: St. Martin, 2. Str.

Martin hält die Zügel an. Er sieht die Not des Menschen.
Er steigt vom Pferd herab. Er macht sich klein. Martin überlegt nicht lange. Er nimmt sein Schwert und teilt seinen Mantel mitten entzwei. ♪ *Glockenspiel*

Lied: St. Martin, 3. Str.

Martin hüllt den Bettler mit seinem Mantel ein. Er teilt mit ihm die Wärme. Was kann denn schöner sein! ♪ *Glockenspiel*

Martin reitet hinweg, noch bevor der Bettler ihm danken kann.
♫ *Klangstäbe*

Lied: St. Martin, 4. Str.

Martin reitet in die Stadt und sucht sich einen Schlafplatz. Er ist
müde. Martin hat in dieser Nacht einen besonderen Traum: Im
Traum wird es ganz hell. – *Jesuskerze anzünden* ♫ *Glockenspiel*
Martin sieht Jesus. ♫ *Glockenspiel*
Er trägt den Mantel des Bettlers und sagt zu ihm: Martin, was du
heute dem Bettler getan hast, das hast du mir getan. Du hast mich
mit dem Mantel bekleidet. Martin, du bist ein guter Mensch!
♫ *Glockenspiel*

Lied: St. Martin, 5. Str.

Nach diesem Traum will Martin sein Leben ändern. Martin wan-
delt sich. Er will kein Soldat mehr sein. Er will nicht mehr kämp-
fen. Er legt seinen Helm ab:
Ich brauche keinen Helm mehr. ♫ *Trommelschlag*
Gott ist mein Schutz. Gott liebt mich. Er umfängt mich von allen
Seiten. ♫ *Glockenspiel*
Martin legt das Schwert ab: Ich brauche kein Schwert mehr.
♫ *Trommelschlag*
Was mich stark macht, ist die Liebe. Ich will in Liebe den
Menschen dienen. ♫ *Glockenspiel*
Er legt den roten Mantel ab: Ich will nicht mehr herausragen.
♫ *Trommelschlag*
Ich will nicht mehr befehlen. Ich will mich um die Armen und
Schwachen, um die Kranken und Alten kümmern. ♫ *Glockenspiel*
*Die Gegenstände werden auf ein Tischchen neben dem Tor abge-
legt.*
*5 Kinder stellen sich mit Bildern von den entsprechenden Men-
schen auf, und 5 Kinder stellen sich mit einer Kerze daneben.
Martin geht zu den Menschen und es wird jeweils eine Kerze ent-
zündet, während wir singen:*

Lied: Tragt in die Welt nun ein Licht (Nr. 24)

Martin hat sich gewandelt. Er lässt sich taufen und wird ein
Christ. Er wird ein Freund von Jesus.

Er geht zu den armen Menschen und bringt Licht in ihr Leben. So wie Martin sollen auch wir gut zueinander sein, sollen Licht bringen und auf Gott vertrauen.

Lied: Tragt in die Welt nun ein Licht, hier: zu den Armen (Nr. 24)

Er geht zu den kranken Menschen und bringt Licht in ihr Leben.

Lied: Tragt in die Welt nun ein Licht, 3. Str. (Nr. 24)

Er geht zu den alten Menschen und bringt Licht in ihr Leben.

Lied: Tragt in die Welt nun ein Licht, 2. Str. (Nr. 24)

Er geht zu den Kindern und bringt Licht in ihr Leben.

Lied: Tragt in die Welt nun ein Licht, 4. Str. (Nr. 24)

Er geht zu den einsamen Menschen und bringt Licht in ihr Leben.

Lied: Tragt in die Welt nun ein Licht, hier: zu den Einsamen (Nr. 24)

Kerzen werden auf dem Tischchen abgestellt.

So hat Martin viel Gutes in seinem Leben getan. Er hat den Menschen geholfen, wo er nur konnte. Später wurde er Bischof. *Mitra aufsetzen. ♫ Becken*

▼

Vater unser im Himmel ...

Vaterunser

▼

Schlussteil

Schlussgebet
Lieber Gott, Martin hat uns vorgelebt, wie wir gut sein können. Hilf auch uns, dass wir immer wieder gut zu anderen Menschen sind, dass wir Licht, Liebe und Freude verbreiten, überall, wo wir sind. Als Zeichen dafür wollen wir heute mit unseren Laternen durch die Straßen ziehen, wollen Licht in die Dunkelheit tragen. Amen.

Segen

Schlusslied: Martinslied

Lieder

1. Aufstehn, aufstehn

2. Mitgehn, mitgehn, mitgehn in das Haus des Herrn, in das Haus des Herrn.

3. Einziehn, einziehn, einziehn in das Haus des Herrn, in das Haus des Herrn.

4. Freu dich, freu dich, freu dich mit im Haus des Herrn, dich im Haus des Herrn.

5. Sing mit, sing mit, sing mit uns im Haus des Herrn, sing im Haus des Herrn.

6. Tanzen, tanzen, tanz jetzt mit im Haus des Herrn, tanz im Haus des Herrn.

7. Bete, bete, bete du im Haus des Herrn, bet im Haus des Herrn.

Weitere Strophen: klatschen ..., wiegen ..., stampfen ..., hüpfen ...

Text und Musik: Doris Hopf

2. Das wünsch ich sehr

1.) Kanon   B♭   C   F

Das wünsch ich sehr, dass

2.) B♭   C   F

im - mer ei - ner bei mir wär,

3.) B♭   C   F

der lacht und spricht:

4.) B♭   C   F

"Fürch - te dich nicht."

Text: Kurt Rose
Musik: Detlev Jöcker
Aus Buch, CD und MC: „Viele kleine Leute"
Alle Rechte im Menschenkinder Verlag, 48157 Münster

3. Du gibst uns die Sonne

1. Du gibst uns die Son - ne. Al - les kommt von dir.
Du gibst uns die Son - ne. Da - rum dan - ken wir
dir, lie - ber Gott, dir, lie - ber Gott,
je - den Tag da - für. für.

2. Du gibst Mond und Sterne.
Alles kommt von dir.
Du gibst Mond und Sterne.
Darum danken wir
dir, lieber Gott,
dir, lieber Gott,
jeden Tag dafür.

3. Du gibst uns die Flüsse ...

4. Du gibst uns die Bäume ...

5. Du gibst uns die Blumen ...

6. Du gibst uns die Tiere ...

7. Du gibst uns die Eltern ...

8. Alles, was wir haben,
alles kommt von dir.
Alles, was wir haben.
Darum danken wir
dir, lieber Gott,
dir, lieber Gott,
jeden Tag dafür.

Weitere mögliche Strophen:
Du gibst uns die Früchte.
... die Vögel.
... die Fische.
(Die Eltern singen:)
... die Kinder.

Text: Rolf Krenzer
Musik: Detlev Jöcker
Aus: Buch, CD und MC: „Wir kleinen
Menschenkinder"
Alle Rechte im Menschenkinder
Verlag, 48157 Münster

4. Dunkelheit zieht herauf

Dun-kel-heit zieht her-auf. Was wird nun ge - schehn?
In ei - ne dunk - le Nacht muss Je - sus gehn.
Mit vie - len Men - schen teilt un - ser Herr
Nacht, die so dun - kel, Nacht, die so schwer.

2. Im Garten ist der Herr, was wird nun geschehn?
   In eine große Angst muss Jesus gehn.
   Mit vielen Menschen teilt unser Herr
   Angst, die uns traurig macht und das Herz so schwer.

3. Ein Kuss verrät den Herrn, was wird nun geschehn?
   Gefangen und gebunden, so muss Jesus gehn.
   Mit vielen Menschen teilt unser Herr
   Verraten-, Gefangensein, ja, das ist schwer.

4. Vor Gericht steht der Herr, was wird nun geschehn?
   Ganz schuldlos verurteilt, so muss Jesus gehn.
   Mit vielen Menschen teilt unser Herr
   Zu Unrecht Verurteiltsein, ja, das ist schwer.

5. Ein Königsmantel wird Jesus nun gebracht.
   Dornengekrönt ist er und ausgelacht.
   Mit vielen Menschen teilt unser Herr
   Verhöhnt-, Verspottetsein, ja, das ist schwer.

6. Ein Kreuz erhält der Herr, was wird nun geschehn?
Einen Weg voller Leid, den muss Jesus gehn.
Mit vielen Menschen teilt unser Herr,
das Kreuz zu tragen, ja, das ist schwer.

Text und Musik: Franz Kett
Aus: Religionspädagogische Praxis, Handreichung für elementare
Religionspädagogik, Jhg. 1991, Nr. I, S. 59, „Im Anschauen deines Bildes"
Alle Rechte bei RPA Verlag, Landshut

5. Effata, effata

Ef - fa - ta, ef - fa - ta, Je - sus sagt es dir,
öff - ne dich, öff - ne dich, sagt er jetzt zu dir.
1. Ich öff - ne mei - ne Au - gen, ich weiß, dass ich es kann.
Ich öff - ne mei - ne Au - gen, fan - ge zu le - ben an.

2. Ich öffne meine Ohren ...

3. Ich öffne meine Augen ...

4. Ich öffne dir mein Herz ...

5. Ich öffne mich dir ganz,
   ich weiß, dass ich es kann.
   Deswegen fang ich jetzt
   in mir zu leben an.

Text und Musik: Doris Hopf

6. Ein Kind will zu uns kommen

2. Das Kind, im Stall geboren, auf Heu und auch auf Stroh,
   bringt Licht in unser Dunkel, macht unsere Herzen froh.

3. Ja, wenn das Kind gekommen, wird unsre Erde grün;
   die Blumen, Sträucher, Bäume, die ganze Welt wird blühn.

4. Die Tauben werden hören, die Blinden werden sehn,
   die Stummen werden reden, die Lahmen werden gehn.

4. Wer trauert, der wird lachen, wer weint, wird fröhlich sein,
   wer mutlos ist, wird hoffen. Kein Mensch ist mehr allein.

6. Wer sich verirrt, verlaufen, wer weiß nicht aus noch ein,
   das Kind wird ihn heimführen, ihm guter Hirte sein.

7. So lasst uns rufen, bitten: Ja, komm, Herr Jesus Christ;
   ja komm, mach neu die Erde, der du das Leben bist.

Text und Musik: Franz Kett
Aus: Religionspädagogische Praxis, Handreichung für elementare
Religionspädagogik, Jhg. 1988, Nr. III, S. 24, „Himmel und Erde freuen sich"
Alle Rechte bei RPA Verlag, Landshut

7. Eines Tages kam ein junger Mann

Ei - nes Ta - ges kam ein jun - ger Mann,

Je-sus Chris - tus. Mit dem Her-zen groß und weit fürs Le -

ben. Mit dem Her-zen groß und weit für Lie - be.

Text und Musik: Doris Hopf

8. Gottes Liebe ist so wunderbar

1. Got - tes Lie - be ist so wun-der-bar, Got - tes

Lie - be ist so wun-der-bar, Got - tes Lie - be

ist so wun - der bar, so wun - der-bar groß.

Refrain

So hoch, was kann hö - her sein? So tief,

was kann tie - fer sein? So weit, was kann wei - ter sein? So wun - der - bar groß!

2. Gottes Güte ist so wunderbar ...

3. Gottes Gnade ist so wunderbar ...

4. Gottes Treue ist so wunderbar ...

5. Gottes Hilfe ist so wunderbar ...

Text: mündlich überliefert
Musik: Spiritual

9. Grün, grün, grün, alles wird jetzt grün

Grün, grün, grün; al - les wird jetzt grün. So weit das Au - ge schaut, will al - les grü - nen, blühn.

1. Seht die grü - ne Wie - se mit ih - ren zar - ten Grä - sern.

1.-4. Wo-her kommt die Kraft, die al - les Le - ben schafft?

2. Seht die grünen Felder, wie sie wachsen, sprießen.

3. Seht die grünen Bäume mit ihren Zweigen, Blättern.

4. Seht die schönen Gärten mit ihren bunten Blumen.

Text und Musik: Franz Kett
Aus: Religionspädagogische Praxis, Handreichung für elementare
Religionspädagogik, Jhg. 1991, Nr. I, S. 41, „Geschichten, die vom Leben
erzählen"
Alle Rechte bei RPA Verlag, Landshut

10. Größe Gottes

Wir be - ten dich an, un-sern Herrn, un-sern Gott, prei-sen dei-ne Grö - ße, dei-ne Ge-gen - wart. wart.

Text: Franz von Assisi
Melodie: Sr. Leonore Heinzl OSF

11. Halleluja, es ist Ostern (Halleluja-Tanz)

1. Hal-le - lu - ja, es ist O - stern, Hal-le - lu - ja, Je-sus lebt. Hal-le - lu - ja, Hal-le - lu - ja, Hal-le - lu - ja, Je-sus lebt.

2. Freut euch alle, es ist Ostern. Freut euch alle, Jesus lebt.
Halleluja, Halleluja, Halleluja, Jesus lebt.

3. Singet alle, es ist Ostern. Singet alle, Jesus lebt.
Halleluja, Halleluja, Halleluja, Jesus lebt.

4. Klatschet alle, es ist Ostern. Klatschet alle, Jesus lebt.
Halleluja, Halleluja, Halleluja, Jesus lebt.

Text und Musik: Gertrud Lorenz
Aus: Krenzer, Regenbogen bunt und schön
© Verlag Ernst Kaufmann, Lahr / Kösel Verlag, München

12. Hallo, hallo, ich sehe dich

Text und Musik: Doris Hopf

13. Ich spür es tief in mir

Ich spür es tief in mir, Klopf, klopf,
und du spürst es in dir.

klopf, klopf. Bei Tag und bei der Nacht,
hast Le - ben mir ge - bracht.

Klopf, klopf, klopf, klopf. Mein Herz, ich spü - re dich.

Text und Musik: Doris Hopf

14. In den Gedanken und Worten mein

In den Ge - dan - ken und Wor - ten___ mein,

in mei - nem Her - zen willst du bei mir sein.

Text und Musik: Doris Hopf

15. In Nazareth

1. In Na - za - reth ist sie___ zu___ Haus,
2. In Na - za - reth ist er___ zu___ Haus, ___
3. Im Ge - bir - ge, da ist sie___ zu___ Haus,

Ma - ri - a ist ihr Na - me, Ma - ri - a heißt die Frau.
___ Jo - sef ist sein Na - me, ver - lobt ist er mit ihr.
E - li - sa - beth ihr Na - me, Ma - ri - as Cou - si - ne.

Text und Musik: Doris Hopf

16. Jesus, du bist für uns das Licht

1. Je - sus, du bist für uns das Licht des Le -

- bens, das Licht des Le - bens.

2. Jesus, du bist für uns das Brot des Lebens, das Brot des Lebens.

3. Jesus, du bist für uns der Weg des Lebens, der Weg des Lebens.

4. Jesus, du bist für uns Freude des Lebens, Freude des Lebens.

Text und Musik: Doris Hopf

17. Jesus Christus ist erstanden

1. Je-sus Chris-tus ist er-stan-den. Hal-le-lu - - ja.
Sin-gen wir in al-len Lan-den. Hal-le-lu - - ja.

Chris-tus, ja, er lebt. Chris-tus, ja, er lebt.

2. Christus, Sieger über den Tod,
   bringt uns Leben, keine Not.

3. Gott hat den Tag für uns gemacht,
   der Freud in alle Welt gebracht.

4. Jesus Christus, lass uns singen,
   jubeln, freuen und auch springen.

5. Allen wollen wir es sagen,
   unsere Freude weitertragen.

Text und Musik: Doris Hopf

18. Jesus Christus, sei uns Hirte

Je-sus Chris-tus, sei uns Hir-te, im-mer für uns da.

Text und Musik: Doris Hopf

19. Jesus soll unser König sein

1. Je-sus zieht in die Stadt Je - ru - sa-lem ein.
Vie - le Men - schen auf der Stra-ße stehn und schrein:
Je-sus soll un-ser Kö-nig sein, Ho - si - an-na! A - men.

2. Aus ihren Häusern, da kommen sie heraus.
Auf der Straße breiten sie die Kleider aus.

3. Von den Bäumen reißen ab sie Zweig und Ast,
und sie winken Jesus zu wie einem hohen Gast.

4. Nicht auf stolzem Pferd, auf einem Esel reitet er,
keine Krone und kein Zepter trägt der Herr.

5. Jesus hat nicht Diener, er besitzt kein Schloss.
Er ist arm, doch in der Liebe ist er groß.

6. Blinde macht er sehend, Lahme lässt er wieder gehen.
Wer im Herzen traurig ist, den möchte er verstehen.

Text und Musik: Franz Kett
Aus: Religionspädagogische Praxis, Handreichung für elementare
Religionspädagogik, Jhg. 1986, Nr. I, S. 18f, „Mit Jesus den Kreuzweg gehen"
Alle Rechte bei RPA Verlag, Landshut

20. Kreuz aus Holz

Refrain: Kreuz aus Holz, jetzt stehst du hier,
Le - ben wächst und grünt aus dir.

1. Je-sus, der am Kreuz ge-han-gen, steht vom To-de auf in mir.

2. Schenkst du uns den Sieg, Herr Jesus, der uns all vom Tod befreit.

3. Überwunden und bezwungen ist der Tod vom Leben dann.

4. Deine Größe lass uns schauen, wenn besiegt ist Leid und Tod.

Text und Musik: Doris Hopf

21. Öffnet eure Hände

Öff - net eu - re Hän - de, macht sie ganz weit.

Öff - net eu - re Hän - de, macht euch be - reit.

Weitere Strophen: Öffnet eure Ohren, Augen, Herzen, Liebe ...

Text und Musik: Doris Hopf

22. Offen kommen wir zu dir

Of-fen kom-men wir zu dir, schen-ke Frie-den al-len hier.

Herr, du kommst in uns-re Mit-te, du bist uns ganz nah!

Ma-che du die Her-zen hell, schen-ke uns dein Licht,

fül-le sie mit Frie-den aus, und ver-lass uns nicht.

Weitere Strophen: Fülle sie mit Liebe ..., Freude ..., Leben aus

Text und Musik: Doris Hopf

23. Seht das Zeichen, seht das Kreuz

1. Seht das Zei-chen, seht das Kreuz: Es be-deu-tet Le-ben!

Je-sus starb für uns am Kreuz, wollt uns Le-ben ge-ben.

Refr.: Dan-ke, Je-sus, für dein Kreuz, dan-ke für dein Le-ben!

Dan-ke, Je-sus, für dein Kreuz, dan-ke für dein Le-ben!

Text und Musik: Hanni Neubauer
Aus: Religionspädagogische Praxis, Handreichung für elementare
Religionspädagogik, Jhg. 1986, Nr. I, S. 54, „Mit Jesus den Kreuzweg gehen"
Alle Rechte bei RPA Verlag, Landshut

24. Tragt in die Welt nun ein Licht

Tragt in die Welt nun ein Licht.

Sagt al-len: Fürch-tet euch nicht!

Gott hat euch lieb, Groß und Klein!

Seht auf des Lich-tes Schein!

2. Tragt zu den Alten ein Licht ...

3. Tragt zu den Kranken ein Licht ...

4. Tragt zu den Kindern ein Licht ...

Text und Musik: Wolfgang Longardt
© Verlag Ernst Kaufmann, Lahr

25. Viele, viele Leute sind heut gekommen

Vie - le, vie - le Leu - te sind heut ge - kom-men,
vie - le, vie - le Leu - te sind jetzt bei uns.
Schau doch mal nach links und auch mal nach rechts
und ein biss-chen wei - ter. So vie - le Leu - te
fei - ern mit uns, Gott.

Text und Musik: Doris Hopf

26. Zachäus wohnt in Jericho

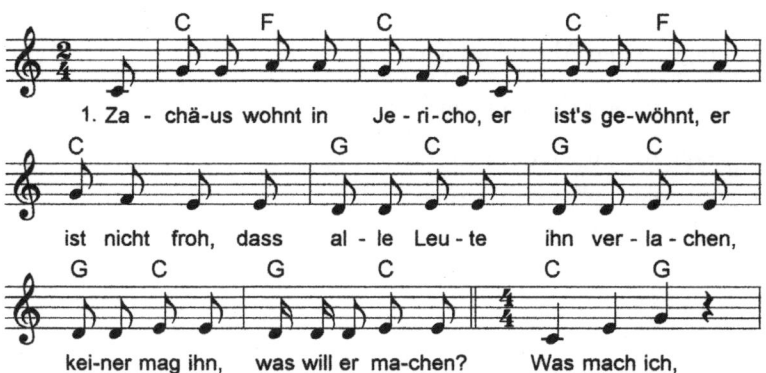

1. Za - chä-us wohnt in Je - ri-cho, er ist's ge-wöhnt, er
ist nicht froh, dass al - le Leu - te ihn ver - la - chen,
kei-ner mag ihn, was will er ma-chen? Was mach ich,

was machst du, was soll Za-chä-us ma-chen?

2. Zachäus hört von einem Mann,
   ob er ihn auch mal sehen kann?
   Er ist zu klein, will ihn doch sehn,
   soll er auf einen Baum hochgehen?
   Was mach ich ...

3. Direkt am Baum bleibt Jesus stehn
   und sagt: Mit dir will ich heut gehn.
   Was immer du auch hast gemacht,
   dein Gast will ich sein bis heut Nacht.
   Was mach ich ...

4. Zachäus steigt schnell ab vom Baum,
   er ist ganz froh, er glaubt es kaum,
   dass Jesus ihm macht so viel Mut,
   verzeiht ihm alles, es wird gut.
   Was mach ich, was machst du?
   Jetzt kann Zachäus lachen.

Text und Musik: Doris Hopf

27. Zündet an das helle Licht

Zün-det an das hel-le Licht, hal-le-lu, hal-le-lu-ja.

Es für Je-sus Zei-chen ist, hal-le-lu, hal-le-lu-ja.

Refrain

Singt mit uns ein Hal-le-lu-ja.

Hal - le - lu - ja. A - - men

Text und Musik: Franz Kett
Aus: Religionspädagogische Praxis, Handreichung für elementare
Religionspädagogik, Jhg. 1985, Nr. II, S. 41f, „Was ihr dem geringsten ...“
Alle Rechte bei RPA Verlag, Landshut

28. Zum Essen lädt uns Gott

1. Zum Es - sen lädt uns Gott, ver - sam-melt

euch am Tisch, ver - sam-melt euch am Tisch.

2. Bringt bunte Blumen mit, sie schmücken unsern Tisch, sie schmücken unsern Tisch.

3. Bringt Brot zur Speise her, jeder wird satt am Tisch, jeder wird satt am Tisch.

4. Bringt mit den Kelch voll Wein und Wasser, das erfrischt, und Wasser das erfrischt.

5. Bringt auch zum Tisch das Licht, die Kerzen leuchten hell, die Kerzen leuchten hell.

6. Bringt auch euch selber mit, Freude an Gottes Tisch, Freude an Gottes Tisch.

Text und Musik: Doris Hopf

29. Zwischen Himmel und Erde

Zwi-schen Him-mel - Er - de hängt der Herr.

Him - mel und Er - de ver - bin - det er. Die

Ar - me aus-ge - streckt in un - se - re Welt,

um uns zu schen-ken, was uns trägt und hält:

1. Lie - be groß und weit. Lie - be groß und weit,
2. Le - ben groß und weit, Le - ben groß und weit,

Lie - be so weit, wie die E - wig - keit.
Le - ben so weit, wie die E - wig - keit.

Text und Musik: Franz Kett
Aus: Religionspädagogische Praxis, Handreichung für elementare
Religionspädagogik, Jhg. 1995, Nr. I, S. 56, „Jesus, unser Herr"
Alle Rechte bei RPA Verlag, Landshut